MOYENS

D'AMÉLIORER LE COMMERCE,

ET

D'AUGMENTER LA VALEUR DES PROPRIÉTÉS

DE PLUSIEURS FAUBOURGS ET QUARTIERS

DE PARIS.

Lesquels sont maintenant les moins opulents , les moins riches , les moins marchands , les plus mal bâtis ; mais qui , par les moyens indiqués dans le contenu de cet ouvrage , deviendraient les plus élégants, les plus commerçants , les plus régulièrement construits , les plus sains et les mieux aérés , pour la prospérité du commerce et la santé des habitants ;

Où l'on distingue plusieurs *Avenues*, *Boulevards*, *Canaux*, *Chaussées*, *Halles*, *Ponts*, *Quais* et *Rues* nouvellement proposés à établir en mémoire des *hommes célèbres* cités dans ce même ouvrage.

ACCOMPAGNÉS

De plusieurs plans et dessins d'architecture, gravés géométriquement et enluminés, avec descriptions historiques et analyses, imprimées in-4°, ayant rapport à tous ces mêmes objets.

DÉDIÉ AU ROI CHARLES X,

AUX PRINCES ET AUX MINISTRES DE FRANCE,

Aux Architectes, Entrepreneurs, et Amateurs des Établissements d'utilité publique.

PAR UNE SOCIÉTÉ D'ARTISTES.

PARIS,

HAUTECOEUR-MARTINET ; libraire , rue du Coq-Saint-Honoré ; N .PICHARD , quai Conti.

MOYENS

D'AMÉLIORER LE COMMERCE,

ET

D'AUGMENTER LA VALEUR DES PROPRIÉTÉS

DU SUD-OUEST ET DE L'EST DE PARIS.

PARIS n'était, suivant tous les historiens, dans son origine, que l'île appelée LUTÈCE, qui ne contenait que 44 *arpents*, au lieu de plus de 10,800 que les murs de sa clôture actuelle renferment maintenant.

Observant qu'il existait jadis plusieurs petites *îles* qui ont été depuis réunies, et n'en forment aujourd'hui que trois :

La 1re nommée la *Cité;* la 2e *Notre-Dame-St.-Louis,* qui en faisaient chacune deux autrefois; la 3e l'île *Louviers,* qui sert maintenant de chantier de bois à brûler;

La première clôture de Paris, nommée d'abord *Lutèce,* fut faite sous Jules César, 56 ans avant N.-S. J-C.

La deuxième qui fut, suivant l'histoire, conçue sous le règne de *Valentinien, de Gratien,* de *Constantin* et de *Constance ;* enfin, terminée en 358, sous Julien l'Apostat, elle contenait 113 arpents.

La troisième, en 1190, sous Philippe-Auguste, 739 arpents;

La quatrième, en 1367, sous Charles V, et finie sous Charles VI, 1284 arpents;

La cinquième, en 1553, sous François Ier, finie sous Henri II, 1414 arpents;

La sixième, en 1604, sous Henri IV, et non en 1634, marqué par erreur sur le plan. Elle contenait 1660 arpents;

La septième, en 1671, sous Louis XIV, 3228 arpents;

La huitième, sous le même, en 1715, et finie sous Louis XV, 3910 arpents;

La neuvième, en 1785, finie en 1789, sous Louis XVI, 3858 arpents;

La dixième, enfin, a été partie commencée du *Sud-Est,* en 1810, sous Napoléon Bonaparte, premier consul, puis empereur alors des FRANÇAIS, que *Louis XVIII,* rentré en France en 1814, a depuis fait terminer, en 1822, qui sera sans doute continuée sous *Charles X,* depuis la barrière d'Enfer à celle des Fourneaux. Estimée devoir contenir 10,900 arpents.

Observant d'abord que s'il est permis de dire ici une grande *vérité,* c'est que jamais *l'histoire* ne croira qu'il existait à la fin du dix-huitième siècle, des hommes d'un goût aussi *bizarre* que ceux qui ont conçu le plan de la neuvième clôture de Paris, d'une manière si peu régulière qu'elle représente dans tout son ensemble, tandis qu'il était si facile de la faire d'une *architecture bien plus légale et plus correcte,* d'une forme *ovale* en raison de la localité, qui ne s'y opposait nullement.

(4)

Saint-Albin J.-S.-C., *littérateur*, dit dans sa *Notice* imprimée en 1819, sur le Voyage de *Paul Béranger*, que l'origine de cette ville remonte aux temps les plus reculés, que déjà elle existait sous les rois de *Rome*, 600 ans avant *Jésus-Christ*, qu'elle était gouvernée par les *druides* et adorait *Isis, Tantale, Mythras, Belenus, Téranis, Esus, Vulcain*, etc.; quelle porta le nom de Lutèce jusqu'à la fin du quatrième siècle, qu'on la nomma Paris; que *Labienus*, un des lieutenants de *César*, étant à la tête des Romains, s'en emparèrent 52 ans avant l'ère chrétienne, et que les habitants brûlèrent une partie de leurs maisons avant de se rendre, après avoir combattu vaillamment; que, S. Denis, qui avait prêché la religion des Gaules, souffrit le martyre à Montmartre; que 250 ans après *Julien l'Apostat* fut proclamé empereur de Parisiis; que le vers milieu du cinquième siècle *Childéric* délivra Paris du joug des *Romains*, par suite des guerres que *Théodomir* et le roi *Pharamond* avaient commencées, et que *Clovis*, en 481, termina, comme premier roi *chrétien* : à cette époque, il n'y avait encore que *deux ponts* dans cette ville; et que c'est *S. Landry* qui a fondé l'*Hôtel-Dieu*.

En 845, les *Normands* vinrent assiéger cette cité, et 12 ans après la brûlèrent; sous *Hugues Capet*, premier roi de la troisième race, elle fut agrandie et divisée en quatre quartiers, que 10 hommes suffisaient alors pour la perception des impôts; sous *Louis-le-Gros*, les droits d'entrée par la porte St.-Martin ne produisaient que 12 francs par an, ce qui valait 600 francs d'aujourd'hui; au commencement du règne de *Philippe-Auguste*, Paris n'avait encore que *trois portes*, qui furent augmentées ensuite jusqu'au nombre de quinze; que sous *Philippe de Valois* Paris ne contenait que 50,000 habitants. Vers le milieu du quatorzième siècle, la *peste dite noire* désola l'Europe, où il périt plus de la moitié de ses habitants. En 1184 on commença à *paver la ville*; vers 1420 la *peste* désola encore Paris, où il périt plus de 100,000 personnes en moins de trois mois, et les *Anglais* s'emparèrent de la France, dont ils furent chassés, en 1436, par la Pucelle d'Orléans.

La *peste et la disette* ravagèrent encore une fois Paris, et dévorèrent plus de 50,000 habitants, au point que des bandes de *loups*, dit-on, affamés, entrèrent dans la ville par la rivière, et causèrent beaucoup de ravage.

En 1465 on a commencé à *éclairer* les rues avec des lanternes, et 40,000 personnes meurent encore de la *peste*; l'été suivant on fait venir des *vauriens* et des malfaiteurs pour augmenter la *population* de Paris, estimée avoir été, sous Louis XI, de 300,000 habitants.

En 1476, la police commença à faire *nétoyer* les rues, places et carrefours de la ville. (*Objet qui aurait bien besoin de perfection aujourd'hui.*)

En 1590, *Henri IV* avec son armée bloqua Paris, les *moines* prirent les armes, les habitants éprouvèrent une *famine* et une *maladie* épidémique; 4 ans après Henri IV, fait entrer des *vivres* dans Paris, va à la *messe* et fait la paix, puis 10 ans après il est *assassiné* dans sa voiture par l'infâme Ravaillac, en passant rue de la *Ferronnerie*. (*Rue qui depuis a été élargie.*)

Note sur la malpropreté et insalubrité des rues de Paris.

Quoique depuis Henri IV, on ait élargi et confectionné beaucoup de rues dans l'intérieur de cette grande ville, il en reste encore une infinité dont le confectionnement, l'élargissement et l'alignement, est réclamé depuis long-temps

Observant que les *rues et places actuelles* sont insuffisantes, non-seulement pour la circulation des affaires, mais encore pour celle de l'*air*, qui est indispensable à la conservation et santé des habitants, qui est journellement altérée par ces tas *d'ordures* et d'*immondices* qui séjournent dans ces même *rues et culs-de-sac*, au point qu'ils corrompent et infectent la *température* de différents quartiers, ainsi que la voie publique. Nous citerons pour modèle les deux rues *Poirés*, l'une près celle Simon-le-Franc , l'autre près les bâtiments de la *Sorbonne* , qui sont inhabitables par leur *puanteur* et *malpropreté*, fait dont nous nous sommes personnellement assuré en y passant au commencement d'août 1824, au point que nous avons été obligé d'avoir recours à notre *mouchoir* pour la franchir.

Objet qui paraît également avoir fixé l'attention particulière d'un grand *personnage*, comme sollicitant en ce moment, non-seulement l'*élargissement* de cette dernière rue, mais aussi sa *prolongation* jusqu'à celle des Mathurins, et même, dit-on, de ce côté jusqu'à la Seine, en pente régulière, et de l'autre jusqu'à celle St.-Dominique-d'Enfer, et par ce fait à la nouvelle place de Ste.-Geneviève ou rue de *Soufflot*, qui doit être prolongée jusqu'à cet endroit.

Enfin, on peut ranger plusieurs *centaines* d'autres rues qui sont dans ce même cas, comme existant dans le centre de Paris, dont plus de 40 dans la Cité et autant dans les environs de St.-Jacques-la-Boucherie , l'Hôtel-de-Ville , la rue Beaubourg, les halles et autres lieux ; comme celle Trousse-Vache, du Renard, de la Lanterne, de la Juiverie, de St.-Pierre-aux-Bœufs, Soly, St.-Landry, Ognard, etc., etc. ; faute de soin sans doute qui ne sont pas assez activement administrés par ceux qui sont chargés de cette partie de *surveillance* nécessaire à la salubrité de chacun, quoique cependant il est à notre connaissance, depuis 40 ans, que tous les entrepreneurs de ce genre ont fait des *fortunes colossales*, faits trop véridiques qui provoqueront sans doute incessamment l'exécution des moyens dont il s'agit, mais aussi ceux d'accélérer plus soigneusement le nétoyage des *rues* de cette même capitale en général, sans oublier les quartiers de *Saint-Severin* et de *Saint-Victor*.

Observation de l'abbé LOZIER sur le plan de Paris.

Le plan de Paris, dit cet académicien, a été fait au hasard, sans goût ni *dessins* ; qu'il est défectueux dans tous les points ; que c'est une grande forêt pleine de routes et de sentiers tracés sans méthode, et contradictoirement à toutes les vues d'ordre et d'arrangement. Qu'on y est exposé à une multitude d'embarras que l'affluence des voitures (1) et l'insolence des cochers rendent de jour en jour plus périlleuse ; il *faudrait* dit-il, *aligner et élargir* presque toutes les rues ; il faudrait les prolonger toutes autant « qu'elles peuvent l'être, pour éviter les tournants trop fréquents ; il faudrait
» percer de nouvelles rues dans tous les massifs des maisons qui ont plus de cent
» toises de longueur, dans tous les endroits où les rues se croisent ; il faudrait couper
» des angles à tous les carrefours, il faudrait des places ; il faudrait des larges quais
» sur tous les bords de la rivière ; il faudrait démolir toutes les maisons qui sont sur
» les ponts (2) ; il faudrait avoir le courage et la volonté de bien faire, *consacrer annuel-*
» *lement* des *fonds* à cette grande réparation, et soumettre l'entreprise à une autorité
» fixe qu'on désespérât de *corrompre*, et qui fît triompher le bien général de toutes
» considérations particulières. Il serait de la gloire de nos *rois*, et de la dignité de la
» *nation*, de faire tout concourir dès à présent au dessein de rendre notre *capitale*
» aussi supérieure à toutes les autres par la perfection de son plan, qu'elle l'est déjà

---

(1) Le nombre desquelles, depuis cette époque, peut être évalué au triple et même au quadruple.

(2) Exécuté de 1784 à 1810 , sauf les bâtiments qui sont sur le pont au *Double*.

» par la beauté de ses principaux édifices, par l'immensité de son enceinte, par
» l'avantage qu'elle a d'être le centre et l'école de tous les beaux-arts. » (*On peut
maintenant ajouter du Commerce.*)

Le même dit, page 156, « que ce *sont les rues qui font le grand prix du terrain.*
» Observant qu'une nouvelle rue que l'on perce, outre la facilité des communications
» qu'elle augmente, donne au terrain qu'elle traverse une valeur qu'il n'avait point,
» et que le propriétaire acquiert des emplacements propres à bâtir, ou qu'il peut
» mettre en grand rapport ce qui ne produisait rien, sinon peu de chose, et que
» l'on ne peut trop ouvrir de nouvelles rues dans cette forêt de maisons qui compo-
» sent actuellement la ville de Paris. »

Le même, dit page 163, « que l'AIR du *nord,* du *sud* et de l'*ouest* de Paris, est le plus
» mauvais à cause des vents les plus froids et les plus humides, tandis que celui de
l'EST est le plus *sain* » : *faits qui sont tous à l'appui des moyens et plans proposés
dans ce même ouvrage, comme on le verra dans la suite.*

Canaux navigables, par S.-N.-H. *Linguet,* imprimé en 1769, volume in-12,
dit, page 388, que *Pline* adressa un jour à l'empereur TRAJAN, ces paroles :

« Quand je songe à l'étendue de votre *empire,* et plus encore à la grandeur de votre
» *ame,* je conçois qu'il est très convenable de vous proposer les ouvrages *dignes* de
» votre gloire, *dignes* de durer autant qu'elle, et qui ne soient pas moins recomman-
» dables par leur utilité qu'*admirables* par leur *magnificence.* » (pour la ville, *Nicomédie.*)

Le même dit, page 365, « M. *Turgot* a été loué pour avoir construit un misérable
égout qui infecte plus Paris qu'il ne le *nétoye,* et que s'il mérite quelque reconnaissance
on peut imaginer de quelle *gloire* se couvrirait un *prévôt* de marchands (*aujourd'hui
préfet*), qui amenerait à l'Observatoire l'eau de l'*Yvette,* pour répandre dans les rues
une eau pure et saine, qui les laverait la nuit et le jour ou un *intendant* qui réussirait enfin à joindre une seconde fois les deux *mers,* soit par le *Saôn*, la *Loire* ou la *Moselle.* »

Les *Beaux-Arts,* volume in-12, imprimé à Paris en 1747, dit, page 44, « que les
arts furent inventés les uns pour le seul *besoin,* d'autres pour le *plaisir,* quelques-uns
durent leur naissance d'abord à la *nécessité,* mais ayant su depuis se revêtir d'*agrément*
ils se placèrent à côté de ceux qu'on appelle *beaux-arts* par honneur. C'est ainsi
que l'*architecture* ayant changé en demeures *riantes* et commodes, les autres que le
besoin avait *creusés* pour servir de *retraites* aux *hommes,* a mérité parmi les arts
une *distinction* qu'elle n'avait pas auparavant.» Le même, page 54, dit » : Le *génie* et le
goût ont le même objet dans les arts : l'un les *crée,* et l'autre en *juge.*

Enfin, *Hurtaut* et *Magny* disent « que *Paris* est un *labyrinthe* (1). » On peut ajouter à
l'égard de ses rues quais et carrefours, que la plupart sont si étroits que l'on défie au
plus hardi *piéton* de pouvoir y passer sans y être heurté et *coudoyé,* et même exposé
à y être blessé à toute heure du jour, comme de *nuit.*

De notre côté, nous dirons que pour venir à l'appui de tous ces faits véridiques,
de même que sur l'utilité publique des entreprises du genre dont il s'agit, nous en
citerons plusieurs qui nous sont personnels, concernant *deux rues* formées d'après notre
plan, de chacune 30 pieds de large, aujourd'hui *pavées* et *éclairées,* sur un terrain qui
était loué en 1794, quartier du Marais, 1200 francs.

Ce terrain, qu'une compagnie de négociants nous chargea d'acquérir 80,000 francs,
a été ensuite vendu par parties suivant la division par nous faite à ce sujet, dont le
résultat a été d'un produit de 200 mille francs, bénéfice net *cent-cinquante pour cent,*

---

(1) Et suivant les mêmes que cette capitale serait aujourd'hui à sa XIIe clôture.

(7)

et où depuis plus *d'un million de bâtisses* ont été entrepris et confectionnés, lesquelles rapportent actuellement plus de 5ooo francs d'impositions annuelles au gouvernement, au lieu de 2oo francs qu'elles étaient imposés précédemment. Epoque où nous conçûmes également le plan du percement de diverses autres rues dans ce même quartier, dont l'exécution était aussi simple que facile à établir, et avantageuse pour divers propriétaires; mais comme il s'agissait de réunir le consentement de chacun à ce sujet, il s'en trouva qui, loin de concevoir les avantages qui pourraient en résulter pour les intérêts même personnels, se figurèrent des craintes d'être *bénignement lésés*, plutôt que d'apprécier le bienfait et les avantages dont ils auraient joui eux-mêmes de la confection desdites rues, ce qui fait que les plans furent abandonnés. Enfin, depuis 1785, n'ayant cessé de nous représenter l'utilité générale de la confection de pareilles entreprises, nous croyons devoir profiter à ce sujet de la liberté de la presse, que *Charles X* a bien voulu promulguer aussi royalement que justement, pour connaître la vérité et rien que la vérité, en jouissant de cette *faveur* sans craindre, comme dit un *grand prince*, cette même liberté, sauf à punir ceux qui abuseraient avec intention d'être nuisibles à la société.

Nous saisissons ce moment *sublime*, pour soumettre à nos lecteurs *un abrégé* succinct des MOYENS que nous avons conçus pour coopérer aux embellissements des différents faubourg et quartiers de cette même capitale, de manière à pouvoir améliorer le commerce et augmenter la valeur des propriétés des endroits ci-après cités. Ces *moyens* consisteraient, savoir :

1° *Rue de l'*EST. Faire la *concession* d'une portion de l'emplacement qu'occupe maintenant la *pépinière* du Luxembourg, côté de cette rue, d'une profondeur de 15 toises ou 3o mètres, en fixant pour limite le *pavillon* qui sert en ce moment de corps-de-garde vis-à-vis l'avenue de l'Observatoire, et de l'autre à l'alignement du mur de face du jardin de l'hôtel *Vendôme* donnant sur celui du Luxembourg, le tout de manière à ce qu'on puisse construire au long de ladite rue de *l'Est*, un corps de *bâtiments* régulier divisé en 3o *pavillons* ou *maisons* particulières, de chacune 36 pieds de face, propres à y établir une quantité de boutiques ou logements d'agréments, comme un des quartiers le plus sains et le mieux aérés de la capitale.

2° La *prolongation* en ligne directe de la rue de *Corneille* jusqu'à celle d'Enfer vis-à-vis celle St.-Dominique, et la nommer rue *Chalgrin* en reconnaissance des travaux que l'architecte de ce nom a fait exécuter pour la restauration du palais et jardins ci-devant nommés, au moyen de laquelle on pourrait tirer un grand produit des *terrains*, qui par ce fait se trouveraient disponibles de ces mêmes côtés.

Observant que cette rue faciliterait les moyens de circulation de ce quartier, où l'on pourra établir des maisons et hôtels les plus distingués, dont l'ensemble aurait vue sur les jardins et palais du Luxembourg, qui serait fermé de ce côté par une jolie *grille* dans le genre de celle de la rue de Rivoli, avec *fontaine* aux deux extrémitées, et faire à chacune une *demi-lune*

Enfin, cette nouvelle rue communiquerait à celle *Soufflot*, qui d'après toutes les dispositions ne ferait qu'une seule place jointe à celle de *St.-Michel*, jusqu'à la nouvelle église de *Ste.-Geneviève*, dite le *Panthéon*, en adoucissant sans doute la pente de celle *St.-Hyacinte* existant dans ce même quartier.

3° *Rue de l'Ouest;* à paver, et lanternes à y établir.

Faire également la *concession* de la façade de cette rue, qui donne sur jardin de la *pépinière*, ci-devant cité, dans une longueur très étendue, où l'on pourrait aussi disposer de ce côté 15 toises ou 3o mètres de profondeur des terrains, en fixant pour limite la ligne extérieure de l'autre pavillon du concierge de la grille dudit jardin existant vis-à-vis l'avenue de l'*Observatoire*, pour y construire un corps de *bâtiments* d'une architecture régulière, divisés en 42 *pavillons* ou *maisons* particulières, chacune de 36 pieds de face, propres à y former diverses habitations, comme il est dit pour ce qui concerne la rue de l'EST ; ensemble 72 maisons à élever de 4 étages, avec cours, dont le produit de la vente de l'emplacement seulement pourrait être évalué à un capital de 2,500,000 francs pour le gouvernement, outre les produits des augmentations dans le rapport des impositions foncières et mobilières, que les affaires industrielles et commerciales, susciter incessamment à se traiter dans ce quartier. On pourrait à cet effet, suivre pour *modèle* le beau corps de *bâtiments* nouvellement construit rue de l'EST, par le charpentier entrepreneur *Saettony*, qui fait honneur à celui qui en a conçu le plan, et qui paraît même avoir suscité l'émulation de plusieurs autres entrepreneurs de ce même quartier, au nombre desquels sont MM. *Roze*, *Godde*, *Découclois*, *Constant* et *Michau*, idem, *Leipis*, serrurier mécanicien, *breveté* pour fabrique de *moulures* faites en *tôle*, destinées à remplacer les *bois des croisées* pour *vitreaux*. Lequel vient de faire bâtir de vastes *ateliers* rue d'Enfer, suivant le plan du menuisier *Matica* ; et *Giroudot*, idem, pour les nouvelles *presses d'imprimerie* qui fixe en ce moment l'attention particulière de MM. les *imprimeurs* ; idem, la *rafinerie* du négociant *Robin*, rue de l'OUEST, rues sans doute que la ville fera bientôt *paver* et *éclairer*, sans oublier d'établir à chacune une *fontaine*.

4° PLACE DE CHARLES X.

Cette place serait formée au *point de rencontre* du *boulevard* de Mont-Parnasse ; *id.* des *avenues* du Luxembourg et de l'Observatoire, où viendraient aboutir les rues *N.-D.-des-Champs*, de l'*Ouest*, de l'*Est*, d'*Enfer*, de la *Bourbe* et le boulevard *Dauphin*, dont il sera ci-après parlé, ce qui ferait 9 communications, même 10 *Issues* diverses de départ et d'arrivage du côté des principales routes du *midi* de la capitale.

Au milieu de cette place serait formé un *bassin* avec une *colonne* ou autres édifices publics que l'on jugerait convenable d'y établir, de manière à répondre à la position et à l'ensemble de sa magnificence.

5° BOULEVARDS *Dauphin*, idem de Bercy, PONT de Perronet.

Le boulevard *Dauphin* serait formé depuis la place de *Charles X*, en ligne directe au point de rencontre de celui de l'extérieur de la *dixième clôture* de Paris, nouvellement formée au-dessus de l'hôpital de la Salpêtrière, près l'ancienne Garre, pour établir une communication de ce même quartier au port de la Rapée, faubourg Saint-Antoine, Vincennes et Charenton, au moyen de la confection du *pont* de *Perronet*, proposé à construire sur la Seine à l'endroit cotté 19 au plan ci-joint, dit de l'*Est*, vis-à-vis le boulevard de l'extérieur ci-devant mentionné et de celui à former en ligne directe dudit *pont* à la barrière de Charenton, dite Maringot, que l'on pourrait nommer *boulevard Bercy*, lesquels fixeraient la limites de la *dixième clôture* de Paris à former de ce côté, et établiraient une communication plus directe que celle actuelle des *routes* du *Nord-Est* à celle du *Sud-Ouest* de toute la France, par la capitale.

Observant que *Perronet* a été premier ingénieur de France, et que M. *Bercy* a été chargé de cette partie administrative sous le ministre *Desmarest*, qui ont tous deux montré dans les temps beaucoup d'activité pour la prospérité de cette institution, ainsi que le frère du cardinal *Dubois*, qui a beaucoup contribué à liquider dans les temps les dépenses de cette *administration*.

Avenue du Grand-Henri et rue de Malesherbe.

6. Cette rue serait en ligne directe de celle de Bourgogne, jusqu'au point de rencontre du boulevard des Invalides, de 42 pieds de large à celle Plumet. Objet depuis long-temps désiré pour faciliter la circulation des affaires commerciales de ce quartier.

7. L'*avenue du Grand-Henri* serait formée à partir de ce même point du boulevard des Invalides, en suivant ainsi la même direction sur une largeur de 60 pieds, plantée d'arbres de chaque côté, et continuerait ainsi par la barrière de *Vaugirard*, traversant la plaine de celle des *Fourneaux*, conduirait à *Chevreuse*, de là à *St.-Arnoux-les-Avelines*, puis, suivant la route d'*Ablis*, allant à *Aunau*, *idem* à *Voves* par la plaine Beauce, pour de là rejoindre en ligne directe *Châteaudun*, département d'Eure-et-Loir, suivant enfin la route de *Vendôme* et de *Tours;* avenue et chaussée que l'on pourrait considérer comme la véritable route d'*Espagne*, laquelle pourait suppléer à celle proposée en 1807 dans le Recueil Polytechnique, par l'abbé de *Soulavy*, ancien ministre-plénipotentiaire.

8. Rue *Hillerin-Bertin*, sa prolongation jusqu'à celle *Pochet:*

9. Rue *Hébert-d'Hauteclair*, à former de celle des Brodeurs, au boulevard Mont-Parnasse et barrière du Maine; rue aussi urgente que nécessaire à établir pour ce quartier.

Observant que Hébert-d'Hauteclair fut d'abord ingénieur, puis inspecteur des ponts et chaussées, en 1763; qu'il fut chargé sous le ministre Trudaine, de diriger les plans pour le tracement et confection de la route dite d'Espagne, de Chartres à Tours, par Châteaudun et Vendôme; puis devenu époux de Mlle. *Damville*, fille du célèbre *géomètre* de ce nom; ayant acquis la charge de *trésorier* de France en 1766; puis *commissaire* du conseil des ponts et chaussées, *grand-voyer*, en 1782, et *délégué* de la généralité de Paris, en 1789; administrateur des *hospices* de cette même capitale, en 1785; toujours ami et collaborateur du célèbre *Perronet* et de *Chaumont* de la Millière, intendant des finances, avec lesquels il n'a cessé de suivre la partie administrative des ponts et chaussées; membre de plusieurs sociétés savantes.

Enfin, *Hébert-d'Hauteclair* était l'homme peut-être unique dans son genre, pour avoir su plaire à tous ceux qui l'ont connu. *Voyez* page 82 du deuxième volume du Recueil Polytechnique, où est consigné son *éloge historique*, fait à la société des Arts du *Mans*, par M. *Tournay*, secrétaire, dont *Hébert d'Hauteclair* était membre, ainsi que du conseil général du département; décédé en 1807, dans son château, dit la *Chevalerie*, près *Alençon*, qu'il avait fait rebâtir à neuf par l'architecte *Durand*, où l'on voit maintenant de superbes futaies de bois divers, que mondit sieur Hébert-d'Hauteclair, fit planter, à notre connaissance, suivant les plans conçus par lui-même.

C'est le même d'Hauteclair, qui fut chargé par le roi Louis XVI, d'aller, le 27 février 1791, à Marly-la-Ville, pour apaiser le trouble qui s'y était manifesté entre la garde *nationale*, les *habitants* et les officiers *municipaux*.

10. Rue *Lavoisier*, en ligne directe de celle Méchin à celle et boulevard d'Enfer, passant au sud de l'Observatoire et prolonger celle *Biron*, même quartier.

Lavoisier était ancien Accadémicien, administrateur en chef des Poudres-et-Salpêtres, l'une des victimes des ultra-révolutionnaire de 1793.

11 Rue *Marivetz*, de celle Méchin à celle Mouffetar et d'une ligne directe.

Observant que le baron de *Marivetz* a sacrifié sa fortune pour démontrer l'utilité publique de l'entreprise des canaux du Berry, qui se confectionnent maintenant, mérite bien quelques souvenirs de la bienveillance des *Français*.

Voyez ses mémoires et pièces à l'appui, page 70 et suiv. du 2ᵉ vol. du *Recueil Polytechnique*. A la rédaction duquel plus de 300 architectes et ingénieurs ont coopéré.

Nouvelles rues à former de celle de l'Ouest au boulevard Mont-Parnasse.

12. Rue de la *Millière*, du carrefour de celles de l'Ouest et de Madame, à la route d'Orléans, dite chaussée du Maine, en traversant celle Notre-Dame-des-Champs et le boulevard Mont-Parnasse observant que déjà la rue de la Millière fut tracée en 1806, enclos des Capucins St.-Jacques.

CHAUMONT-DE-LA-MILLIÈRE, intendant des *ponts et chaussées*, des *finances* et des *hôpitaux* civils de France, était un homme juste et estimable, qui fut *exilé* par le gouvernement directorial, ayant eu un côté de ses membres gelé pendant sa translation en *Suisse*. Louis XVI l'ayant un jour choisi pour son contrôleur-général des finances, lui adressa ces paroles en 1790 : « Vous êtes le seul que je connaisse en ce moment à qui je puisse confier mes finances. » Chaumont-de-la-Millière refusa, observant qu'il ne se croyait pas assez de capacité pour accepter.

13. Rue *Regemote*, de celle de l'Ouest à la chaussée du Maine, traversant le boulevard Mont-Parnasse, partant du point de rencontre de l'avenue de la grille d'entrée de ce côté du jardin du Luxembourg.

Regemote était architecte ingénieur, qui a dirigé la construction du pont de Moulins, et qui a fait plusieurs essais d'utilité publique dans les travaux hydrauliques, avec le célèbre *Mansard*, architecte ci-après cité.

14. De MANSARD. La rue de ce nom serait la prolongation de celle Chevreuse, jusqu'à celle de l'Ouest, en traversant celle de Notre-Dame-des-Champs.

15. De CESSART, *id.* en ligne directe de celle des Ursulines, faubourg St.-Marcel, à celle de l'Est.

De *Cessart* était inspecteur-général des ponts et chaussées, reçu chevalier de l'ordre de St.-Michel et de la Légion-d'Honneur ; il a coopéré à la confection du port de Cherbourg, des ponts de Saumur sur la Loire, de Nogent et des Arts sur la Seine, et a composé 2 fort volumes in-4°, imprimés avec gravures, que nous possédons sur ces travaux.

16. De LEGRAND, de celle d'*Enfer* vis-à-vis l'hôtel de *Vendôme* à celle Mouffetar, vis-à-vis celle *Copeau*. *Legrand* a été l'architecte de la halle aux Draps, de la salle Feydeau et autres édifices publics.

17. Du *père* GÉRARD, de celle de l'*Est* au carrefour de celle des *Arbalètes* et Mouffetar, partant du point milieu de la distance actuelle des rues du Val-de-Grâce, et des deux églises.

Le père *Gérard* était législateur breton, qui a mérité l'estime de ses concitoyens, comme défenseur dévoué des agriculteurs et cultivateurs.

18. et 19. De GAUTHEY et des *Feuillantines*. Ces deux rues seraient, savoir : la dernière en continuant la direction du cul-de-sac de ce nom jusqu'à celle de l'Arbalète, et la première de celle St.-Jacques à celle de l'Est.

Gauthey était ingénieur des ponts et chaussées aux *états de Bourgogne* ; c'est lui qui a dirigé les travaux du *canal* de Digoin et de Charolles avant 1789 ; depuis inspecteur-général du même corps, membre du conseil, et vice-président de cette administration, *chevalier* de la Légion-d'Honneur, le même qui a soutenu les discussions sur les erreurs commises en 1803 ; au commencement des travaux du *canal* de l'*Ourcq* sous la surveillance du préfet *Fréchot*, où il a démontré toutes les conséquences et préjudices qui ont eu lieu à ce sujet. *Voyez* page 27 et suivantes, du 1ᵉʳ volume du recueil Polytechnique, déposé à la Bibliothèque du *Roi* et de *Monsieur*, aujourd'hui *Charles X*, ainsi que du ministre de l'*Intérieur*.

(11)

20. De Beauharnais, la rue de ce nom serait en ligne directe de celle des deux églises St.-Jacques, jusqu'au point de rencontre de celles Neuve de Ste.-Geneviève et Mouffetar, vis-à-vis celle de l'Epée-de-Bois.

Beauharnais, fut un législateur, *victime* en 1793, et dont le fils *Eugène* a su mériter l'estime de tous les Français.

21. *Boulevard* de Bossut, *académicien.* Ce *boulevard* serait de la barrière d'Enfer à celle des Fourneaux, qui fixerait la limite de la dixième clôture de Paris à établir de ce côté.

22 et 23. *Rue de madame la* Dauphine, *et de Boncerf*, Académicien.

La première serait en ligne directe de la place de Charles X à la barrière de Fontainebleau, passant au bas de la rue *Croullebarde* près les Gobelins , et la deuxième de la barrière de *Santé* aux abattoirs du boulevard de l'Hôpital, avec une autre *Place* que l'on pourrait former au point de rencontre desdites rues, près celle Croullebarde ci-devant cité. *Boncerf* est un de nos plus zélés défenseurs des *agriculteurs.*

24. De Verniquet, de celle Buffon jusqu'au champ dit des Capucins, passant à la place de *Louis XVI*, et par la rue de la Bourbe à la place de *Charles X*. Ci-devant cité.

Verniquet a été architecte, voyer et directeur du grand *plan* de *Paris*, fait par ordre de Louis XVI, et qui est le plus détaillé ainsi que le plus exact de tous ceux qui ont été faits jusqu'à ce jour. *Verniquet*, avec lequel nous avons été en relation intime, était un des protégés du célèbre Buffon.

25. *Place du duc de Bordeaux.*

Cette place serait formée au milieu de la rue Mouffetar, au point de rencontre du *boulevard Dauphine*, avec une *fontaine* et autres attributions qu'il conviendrait d'y établir, et de laquelle on verrait la place de Charles X et les boulevards du *Sud-Est.*

26. *Avenue et Chaussée de Louis XVIII.*

Elle serait en ligne directe sur une *largeur de 48 pieds*, depuis le *pont de la Tournelle* jusqu'à la *route d'Orléans* près le Grand-Montrouge, et d'une seule pente depuis le milieu dudit pont en remontant : 1° jusqu'à la rue *Neuve-St.-Etienne* et celle des Fossés-St.-Victor, en élevant d'une part le sol des *quais* de la Tournelle, de St.-Bernard et rue *idem*, de manière à établir de chacun de ces deux quais une *pente* régulière, que nécessiterait l'arrivage dudit pont de ce côté et passage de cette position.

Puis établir un *pont d'allage d'une seule arche à sec* sur la rue St.-Victor, pour servir d'un côté par-*dessous* à la *circulation* ordinaire de cette dernière, et de l'autre par-*dessus* à celle de l'avenue et chaussée ci-devant citées ; 2° une autre *pente* à former en descendant jusqu'à la rue de l'*Arbalête*, où un pont pourrait aussi être bâti à *sec* d'une seule *arche* d'où une troisième *pente* serait formée en remontant jusqu'à la barrière de la *Santé*, où un quatrième point de *pente* pourrait être établi, pour conduire en montant jusqu'à la *chaussée d'Orléans*, près le Grand-Montrouge, ci-devant cité (1).

Observant comme l'inspecteur-général des ponts et chaussées (*Guthey*) l'a très

---

(1) Les journaux du 21 octobre 1824 ont annoncé que le conseil municipal de Paris avait voté d'ériger une statue à Louis xviii, sur la *place* du Palais-Bourbon , ce qui vient à l'appui des divers projets d'embellissement de la ville, mentionnés au présent, et particulièrement à l'avenue du *Grand-Henri*, et la rue de Malesherbes, proposés dans ce même ouvrage , art. 6 et 7.

bien observé relativement à la confection des CANAUX de l'*Ourcq* et de l'*Yvette*, où il dit, que les *hahitants du midi* de la capitale n'ont pas moins *droits* à la bienveillance du gouvernement que ceux du *nord*.

Cependant l'histoire aura peine à croire, que depuis cette *observation* l'on ait, en 1824, souffert pendant plus de quatre mois, l'interruption de la communication commerciale d'un des principaux faubourgs de Paris, par la négligence des autorités de faire faire, en temps et lieux, les réparations à un *chétif pont*, qui existe au bas de la rue *Mouffetar*, sur la rivière dite des *Gobelins*, où des misérables *baraques* de bâtiments offusquent la voie publique, depuis plus *d'un siècle*.

27. *Place de* LOUIS XVI *et chaussée de Trudaine.*

Cette place, qui aurait neuf issues, serait formée au point de rencontre de l'avenue et *chaussée* de Louis XVIII, et du *boulevard Dauphin* ci-devant cité, à l'endroit des rues et carrefour Lyonnaise, faubourg *St.-Marcel*, soit d'une forme *circulaire* ou *octogone*, de 50 à 60 toises de diamètre, au milieu de laquelle on pourrait établir une *fontaine* avec autres édifices publics, que l'on jugerait convenables et où viendraient aboutir les avenues, rues, boulevards et chaussées de *Louis XIV*, de *Louis XVIII*, du *Dauphin*, de *Trudaine* et Verniquet et que l'on verrait de la place *Charles X*.

28. *L'avenue et chaussée Trudaine* serait en ligne directe, partant du point de rencontre de la rue d'*Ulm* à celle *Beauharnais*, au *boulevard* des Gobelins et barrière de Croullebarde, sur une largeur de 48 pieds, passant à la place de Louis XVI, suivant ainsi jusqu'à la route de Lyon, près la Maison-Blanche et le château de Bicêtre.

29. De ce même côté, prolonger la rue de *Biron*, par le clos Payen, jusqu'au boulevard des Gobelins; et de l'autre jusqu'à celui d'Enfer. Comme il est déjà cité

✷ DEUX NOUVEAUX QUARTIERS DU SUD-EST
de la ville de Paris à former, et le pont de Perronet.

30. *D'immenses terrains* existant de ce côté, et qui ont été jusqu'à ce jour de très peu de *rapport*, sont situés aux environs de l'hôpital des *femmes* de la Salpêtrière, où l'on pourrait maintenant y établir plusieurs *nouvelles rues et chaussées*, propres à recevoir toute espèce d'habitations, *chantiers*, *entrepôts* et *magasins*.

Observant que depuis 1803, divers plans et projets d'embellissement de Paris ont été publiés et proposés par divers auteurs, au nombre desquels projets est celui du *pont de l'Est*, à construire sur la Seine, endroit *coté* 19 au plan ci-joint, et renouvelé aujourd'hui sous le nom de PONT DE PERRONET.

Enfin, depuis cette publication, chacun ayant été convaincu de la nécessité de l'établissement de ce même *pont*, et tout ayant été d'accord sur les dispositions du gouvernement manifestées à ce sujet, au point qu'un nombre infini de marchands de vins, de bois et autres objets, se sont empressés d'*acquérir* et de *louer* la plupart des terrains dont il s'agit, où ils se sont établis avec précipitation, sans dessein ni ordre bien légalement conçus, sinon que l'*alignement*, qui paraît leur avoir été fixé du côté de la Seine, et non celui de la rue *Poliveau*, depuis le boulevard l'Hôpital jusqu'au pont *idem*, quoique facile à établir sans aucune démolition, qu'un logement occupé par un charpentier.

Tous ces chantiers, dis-je, et marchands exploitants, représentent en ce moment une république en confusion pêle-mêle, qui couvre le sol de plus de 100,000 toises de terrains, n'ayant pour toute issue que le port et une espèce de ruelle à peine formée, côté de l'Ouest.

C'est là le moment de rappeler ce qu'a dit l'abbé Laugier, que c'est l'*air* DE L'EST, *qui est le plus sain et le mieux airé de la capitale*, côté duquel sont maintenant tous les *terrains* dont il s'agit, et que sont les rues qui font la *valeur des terrains*.

Le 9 octobre 1824, étant sur ledit terrain, examinant cette position, elle nous a paru être susceptible de devenir bientôt un des quartiers le plus commerçants. Quoiqu'une différence de 2 pieds 4 pouces, nous ait paru exister dans l'alignement des arbres du boulevard neuf de la dixième clôture faite de ce côté, avec celui du port et barrière Bercy, existant à l'autre extrémité de la rivière près la Rapée, et que ce même boulevard neuf n'était point d'une seule ligne, depuis la barrière des Gobelins dite Fontainebleau jusqu'à la rivière, comme il est marqué sur la plupart des plans ordinaires de cette même ville, mais qu'ils forment un retour d'*équerre* à 100 toises environs au-delà du port, ce qui change un peu sa direction.

31. Nous pensons qu'il serait *urgent* que le gouvernement ordonnât le plus promptement possible de faire procéder aux *alignements* de plusieurs nouvelles rues et chaussées, nécessaires à établir dans ce même quartier, de manière que ceux qui seraient disposés à y faire bâtir, puissent s'y conformer sans craindre d'être par suite inquiétés de la petite et grande voierie, c'est pourquoi nous *estimons* qu'on pourrait faire de suite le tracement des chaussées et rues ci-après désignées ;

SAVOIR :

32. *Chaussée de* LOUIS XIV, depuis la place de Louis XVI jusqu'au port de l'Hôpital, de 42 pieds de large, passant au long de la Salpêtrière; côté du nord, d'une pente régulière, en laissant subsister la partie de la rue Poliveau, qui conduit de cet endroit audit port. C'est Louis XIV qui a fondé ce même hospice.

33. CHAUSSÉE DE JEAN L'HUILIER, de 36 pieds de large en ligne directe, depuis la place de Walhubert vis-à-vis le pont du jardin des Plantes, jusqu'au point de rencontre du chemin de ronde de la dixième clôture et du boulevard Dauphin.

34. *Chaussée de* LIANCOURT, depuis le boulevard de l'Hôpital jusqu'au chemin de ronde de la dixième clôture du *sud-ouest* de cette grande maison hospitalière, qui par ce fait serait entourrée de promenades publiques propres à lui assurer un air pur, bien airé et salubre en toute saison.

35. Dans ce même quartier, cinq autres *rues* à former à 100 toises de distance chacune de la *chaussée* Jean l'HUILIER, ci-devant citée, au port de l'Hôpital.

La première, sous le nom de *Jean* de DIEU; la deuxième, de POMPONE; la troisième, d'AIGUILLON; la quatrième de BRUANT, architecte; la cinquième, de BOULANCOUR. Tous hommes célèbres, comme ayant concouru par leurs actes de bienfaisance à l'institution des divers établissements hospitaliers de la capitale, et à l'amélioration de leur administration.

36. La même *division* de rues pourrait être également faite, et formée sur toute la *masse superficielle des terrains* existant maintenant entre ledit hôpital, le boulevard de ce nom, les Abattoirs *idem*, le chemin de ronde et barrière de Fontainebleau, où avait été commencé le village d'Austerlitz.

37. *Rivière et canal de la Bièvre.*

En attendant que le gouvernement soit définitivement résolu à faire terminer les *canaux de l'Yvette*, et autres rivières dont il est parlé des autres parts. Nous soumetterons le plan que nous avons personnellement conçu, d'un *canal* à former dans l'intérieur du faubourg *St.-Marceau*, au moyen de la rivière de *Bièvre*, dite des

Gobelins, présumant son utilité tant pour la salubrité des habitants, que urgent et avantageux au commerce général de ce même faubourg, en rendant cette même rivière navigable par des *écluses* propres à recevoir les bateaux marchands, depuis la Seine jusques au boulevard dit des Gobelins, avec des *quais et chaussées d'allage*, de 36 pieds de large de chaque côté, établis de manière à pouvoir y conduire par eau les objets divers, aux entrepôts et établissements que l'on pourrait également former dans ce quartier de la capitale.

38. *Boulevards, rues, ponts et chaussées à terminer.*

Il faudrait terminer le pavage des boulevards et chaussées de la barrière de Fontainebleau à celle d'Enfer, en terminant le pont de la même largeur, commencé sur la rivière de Bièvre, dite des Gobelins, hors des murs de ville; puis élever le sol du pavé à une hauteur suffisante pour établir une communication, en pente régulière de ce même pont aux deux barrières ci-devant nommées; puis former un nouveau boulevard et chaussée de la barrière d'Enfer, en ligne directe à celle des Fourneaux, qui pourrait servir de limites à la dixième clôture projetée, comme il est cité des autres parts, et de continuer et finir ainsi ceux et celles suivantes, jusqu'à l'Ecole Militaire; puis contruire le PONT DE COLBERT, au bas de Passy, à l'endroit coté 17 au plan ci-joint, avec une *nouvelle chaussée* d'une pente légale, qui conduirait à la barrière de Long-Champs, suivant les lignes cotées X *au plan ci-joint* au moyen desquels *ponts et chaussées* ci-devant cités, on établirait avec facilité des moyens de transport et de circulation des quatre extrémités de la France par la capitale, sans être obligé à ces retards désagréables, que suscitent jour et nuit toutes ces *perquisitions* et visites de cette multitude d'employés aux barrières de Paris, de même que l'obligation de traverser la capitale, et par ce fait éviter les embarras que suscitent également cette confusion de voitures, d'allants et venants à toute heure du jour dans le centre de son intérieur, qui entravent la correspondance des affaires de chacun, en portant un préjudice considérable à tous, enfin paver également la rue de la *Santé* et terminer sa *jonction* avec celle d'*Ulus*.

39. *Pont aux Doubles, dit de l'Hôtel-Dieu.*

Il paraît, d'après les divers auteurs, que ce pont a été bâti vers l'an 1625, que ce fût en 1637 qu'on en livra la moitié au service de la voie publique, moyennant un denier, puis un liard pour passage, qu'on a payé jusqu'en 1789, et l'autre moitié fut destinée à recevoir la construction d'une salle pour le service des malades, en vertu des lettres patentes données par Louis XIII cette même année, à Fontainebleau.

Ce pont est devenu, depuis le commencement du dix-neuvième siècle, successivement très passager par les gens de pied, au point que le *trottoir* du nouveau *quai* de ce côté, qui n'est même pas encore terminé, pour conduire à celui de la Tournelle, est trop *étroit*, n'ayant que 7 pieds de large, au lieu de 9 au moins qu'il aurait besoin, à l'effet de pouvoir suffire au *passage* du public dont il se trouve déjà encombré, avec cette quantité de *revendeurs* de ces petites brocantes de toute espèce, qui depuis peu y font leur *étalage*, et nous avons remarqué qu'en 1786, il y passait à peine cinq personnes par minutes, et qu'en 1824 il en passait plus de cent, ce qui a sans doute fixé l'attention des autorités publiques, pour que ce même pont soit entièrement livré au passage des voitures, comme des gens de pied; car d'après toutes les dispositions et rapports, il paraît que pour suppléer au service du bâtiment y existant, qui vont être sans doute supprimés, que le *corps-de-logis* qui est à l'extrémité du sud de la rue de la *Bûcherie*, va être destinée au service de cette même maison hospitalière, au moyen d'un *pont* en fer que l'on dispose en ce moment pour être établi sur ladite rue de la Bûcherie à l'effet de *communiquer* d'un bâtiment à l'autre, avec une place qui doit être formée vis-à-vis la grille de l'entrée de l'Archevêché et l'*Hôtel-Dieu*.

Enfin, le pont aux Doubles, étant ainsi disposé pour remplir sans doute une partie du plan que nous avons proposé en 1803, et renouvelé en 1807 par l'ex ministre plénipotentiaire, *Soulars* et Compagnie.

Ce PLAN consistait en l'*établissement* de deux nouveaux PONTS à construire sur la Seine, de manière à établir une communication directe de la rue de Bièvre à celle de *Long-Pont* (1), en traversant toute l'île de Notre-Dame, de la Cité, et faire aux deux extrémités de ce fleuve deux vastes *places*, soit en forme de patte d'oie ou *demi-lune*, en relevant le sol des *quais* au niveau du cru des eaux extraordinaires, et *élargir* la rue de Bièvre jusqu'à celle Saint-Victor, vis-à-vis celle de la Montagne Ste-Geneviève, et du côté opposé celle de *Long-Pont* jusqu'au portail St.-Gervais, que l'on pourrait prolonger jusqu'à la *place* du ci-devant cimetière *St.-Jean*, de manière à n'en former qu'une seule, depuis la Vieille rue du Temple et celle la Verrerie.

40. *Rues St-Jacques, St.-Martin, St.-Denis et de la Harpe.*

Il faudrait, pour rendre la *circulation* des affaires commerciales avec toute la facilité que la situation et la population de ces quartiers ont le droit de prétendre, que les rues ci-dessus citées, ainsi que celles d'Enfer et du petit Pont, fussent rebâties à neuf sur un plan régulier, et d'une largeur chacune au moins de 42 pieds, *niveler* le sol par des pentes légales et *pavées en chaussées*; puis établir deux *ponts à sec* d'une seule arche chacun, l'un au droit des rues de la Huchette, de St.-André-des-Arts vis-à-vis le pont St.-Michel, et l'autre vis-à-vis le Petit Pont au droit des rues de la Bûcherie et de la Huchette, de manière à établir une communication générale par une pente régulière, depuis ces deux ponts jusques aux extrémités du *sud et nord* de la ville; il faudrait également recommander et même ordonner une fois pour toujours, à MM. les ingénieurs et entrepreneurs du pavé de la ville, qu'ils aient soin et veillent à ce que tous les *ruisseaux*, pour égoût des maisons particulières, de même que ceux des carrefours et places, soient dorénavant établis en *biaisant* la traverse desdites rues, pour éviter ces affreux *cahots* à chaque voiture qui y passe, et par ce fait prévenir les suites de leur *brisement* et *renversement*, qui sont successivement fâcheuses et malheureuses pour chacun.

Par ce fait, éviter de fréquents *embarras*, qui causent à toute heure du jour et de la nuit des *malheurs* incalculables, dont les uns ruinent les pauvres voituriers des ports et places diverses, en raison de la fatigue forcée que leur chevaux éprouvent pour franchir à toute heures ces rues et montées ou rampes des ponts, dont il résulte, que bientôt ils se voient privés de leur équipage, qui leur à coûté leur peu d'avoir, puis se voient réduit à la dernière des misères, et par ce fait, à la mendicité, qui est la source de tous les malheurs publics sans aucun espoir de pouvoir rétablir leur crédit ni réparer les pertes qu'ils ont subies.

41. *Le Gros-Caillou et plaine de Grenelle.*

Nous réitérerons ce que nous avons déjà dit en 1807, au sujet des nouveaux embellissements et établissements publics à faire dans ce quartier :

---

(1) Nom qui fait présumer qu'il a existé jadis un pont à cet endroit. *Quai* de la *Grève*.

Premièrement la construction du PONT DE SULLY vis-à-vis la route de St.-Cloud, dite la *Reine Antoinette*, avec une CHAUSSÉE qui communiquerait du nord au sud par la plaine de Grenelle, en ligne directe jusqu'à la barrière de Sèvres et celle du Maine.

Deuxième, le PONT DEMARETS à construire au droit d'Auteuil, qui établirait d'un côté une nouvelle communication aux routes de Normandie par Neuilly, et de l'autre à celles de Picardie par St.-Denis, passant à l'Etoile du bois de Boulogne. Enfin, dans tout le midi de la France, par la chaussée du Maine et route d'Orléans, comme tous sont en partis cotés et figurés au plan ci-joint, déposé tant aux diverses bibliothèques du gouvernement que des ministres, et au bureau de celui de l'Intérieur.

Fixer de suite les *Alignemens* de toutes les *rues* et *ruelles* actuelles existant dans le quartier dit le *Gros-Caillou*, avec le tracement de nouvelles par chaque distance de 100 toises, depuis la Seine, en ligne directe à l'*Avenue* de Lamothe-Picquet; faire la même opération pour alignement de rues qui sont susceptibles d'exister sur la masse des terrains, qui sont maintenant bornés : 1° à l'*ouest* par les murs de ville; 2° au *nord* par la Seine; 3° à l'*est* par l'esplanade et boulevard des Invalides; 4° enfin, au *midi* par la rue et barrière des *Fourneaux*, avec des carrefours et places propres à y bâtir des habitations d'une architecture régulière, telles que l'entrepreneur *Violete* et Compagnie déjà commencé dans ladite plaine de *Grenelle*,

42. *Canaux divers, projetés.*

En 1807, nous conçûmes le plan d'un *canal* à établir de la Seine au bas d'Auteuil, pour aller joindre cette même rivière au-dessous du pont de St-Cloud, passant par le bois de Boulogne suivant les deux lignes ponctuées et figurées au plan ci-joint; mais aujourd'hui que la plaine de Grenelle paraît fixer l'attention de tous les amateurs et spéculateurs en bâtisses, nous avons conçu le plan d'un autre *canal*, qui nous a paru devoir mériter l'attention de chacun et d'être médité avec réflexion, comme pouvant devenir un objet de la plus haute importance et urgente nécessité publique.

Ce CANAL serait de la barrière des *Cunettes*, à *Vaugirard*, bourg maintenant d'une population de 3000 ames, où serait formé un bassin pour ports et gares des bateaux marchands; puis de cet endroit continuer ledit *canal*, en retour d'équerre réjoindre la Seine au-dessus du *pont de Sèvres*, avec des bassins de distance en disnce dans ladite plaine de *Grenelle*.

Puis au moyen de déblais, faire les remblais des parties basses, qui sont actuellement susceptibles aux inondations du cru des eaux ordinaires et extraordinaires dans ladite plaine, que l'on pourrait ensuite nommer *Amsterdam* ou la *Petite Hollande*, propre à former un des principaux entrepôts du commerce de la capitale et gare *générale de tous les bateaux marchands.*

43. *Les Batignolles et la France-Nouvelle.*

Ce premier endroit, situé hors et près la barrière *Mousseaux* et *Clichy*, vient d'être augmenté d'une quantité de bâtisses d'une construction irrégulière, avec une longue rue formant quantité de coudes et sinuosités sans goût ni dessin, quoique sur un

(17)

terrain plat et presque de niveau où l'on aurait pu former une *rue en ligne directe*
et d'une architecture régulière, qui aurait un peu plus honoré les officiers de la
voierie et municipaux de cet endroit, sinon, d'avoir fait une rue que l'on pourrait
nommer la *Mortellerie* de ce quartier; objet qui pourrait faire *pendant* à l'uniformité
de la neuvième clôture de Paris, par **M. *Doux*.**

Quant à l'égard de la FRANCE-NOUVELLE, située au bas de *Montmartre*, les entrepreneurs ont un peu mieux soigné leur plan, en dirigeant avec plus de goût leur
bâtisse et formation de plusieurs nouvelles rues d'un *alignement* plus régulier, où une
salle de théâtre a été également bâtie sur une place formée à ce sujet, qui répond au
moins à sa position.

Conclusion et observation générale.

On voit par les divers plans et dispositions des moyens d'exécution qui viennent
d'être cités, que la place de Louis XVI, aurait *neuf communications* pour arrivage et
départ de différentes extrémités du *sud* de Paris, de même que celle de *Charles X*.

Observant que tous ces divers articles, proposés pour les embellissements et moyens
d'amélioration de ces différents quartiers, ont été étudiés et médités de manière à
ménager les principaux établissements publics et particuliers existant dans ce quartier.

Observant que, outre les avantages et rapports immenses qui pourraient résulter
de toutes ces entreprises d'utilité publique, cela susciterait des travaux qui procureraient des moyens d'existence à une infinité de personnes de tous états et professions,
et produirait en outre de nouvelles habitations, aussi saines qu'agréables par leur situation, puis rappellerait aux Français les noms des hommes célèbres dont le souvenir
de leurs actions administratives et bienfaisantes mérite d'être renouvelé à leur mémoire.

Puissent tous ces plans proposés en faire concevoir de plus vastes, de plus utiles,
de mieux conçus et de mieux médités, ce serait toujours un bienfait pour la société;
et les auteurs de ceux dont il s'agit se trouveront toujours très satisfaits d'y avoir
cooperé. *Voyez* le recueil Polytechnique, ci-devant parlé. On y verra un infinité d'articles
que les éditeurs ont proposés alors, qui sont maintenant entrepris et en partie confectionnés, entre autre ceux cités 3, 5, 10, 11, 16, 22, 30, 31, 35, 37, 38, 39, 52, 54,
58, 59, 60, 63, 65, 67, 68, 69, 70, 71, 72, 74, 75, 76, 78, 80, 84, 85, 93; ainsi
que les misérables *barrières* de *planches de bateaux*, qui vont enfin être remplacées également par des GRILLES des entrées de cette même ville, désignées et proposées dans
ledit *Recueil*.

Quartiers des Célestins, l'Arsenal et île Louviers.

Le gouvernement pourrait faire ainsi procéder à la *vente* d'une quantité d'autres
terrains, qui sont aussi en ce moment de très *peu de rapport*, comme servant en
partie de *casernes* à cet endroit, et faciles à être transférées sur d'autres emplacements moins précieux pour le commerce.

Observant que par leur position ces quartiers sont susceptibles maintenant d'être de
la plus grande *valeur*, comme propres à toutes sortes d'*établissements commerciaux*,
en raison de la confection du CANAL *St.-Martin*, de même que l'*île Louviers*, qui
pourrait être réunie à celle dite *Notre-Dame-St.-Louis*, en formant un CANAL suivant
la direction du quai d'*Anjou*, en remontant en ligne directe par le milieu *de ladite île*
jusqu'à la pointe vis-à-vis la rue projetée, qui doit conduire du quai du Mail à la place
de la Bastille; puis *recombler* avec les *déblais* dudit *canal*, le *bras actuel de la susdite*

3

qui longe le quai du Mail, en place duquel serait formée la rue de ce *nom*, de 36 pieds de large où viendrait joindre la rue projetée de la place de la Bastille à la Seine, ainsi que *quatre* autres *rues* de celle de la Cerisais, qui conduiraient jusqu'au *port* ou *quai* dudit canal, *plus quatre autres* rues *idem* du sens opposé, qui communiqueraient de celle du *Petit Musc* à celle ci-devant citée et au boulevard Bourdon, plus un *pont* vis-à-vis la rue du Petit Musc, et un autre *pont* à la pointe de ladite île, vis-à-vis la rue qui conduirait de cet endroit à la place de la Bastille ; ainsi que le tout est figuré sur un plan que nous avons conçu et disposé à ce sujet, lesquels *rues et quais* forment ensemble plus de 3300 *toises de face*, propre à établir plus de 1200 boutiques, qui serait d'un rapport considérable, outre le *canal*, qui servirait de *gare* et de *port* en toute saison aux bateaux marchands, en construisant également de nouvelles *habitations* sur la partie de *ladite île* d'une architecture régulière, de manière à honorer l'histoire de l'art des bâtiments de notre *siècle*.

Enfin, de ce même côté de ville établir une *halle* couverte sur le port au Blé, avec des greniers et logements au-dessus; plus le percement d'une nouvelle rue de 36 pieds de large dudit port à celle St.-Antoine, vis-à-vis la Vieille rue du Temple, avec une demi-lune à ce dernier endroit.

Résumé général.

Pour terminer et répondre à toutes les observations, que chacun pourrait être dans le cas de faire sur les divers plans et projets d'embellissements de la ville de Paris, dont il vient d'être parlé dans le contenu de cet ouvrage, nous nous bornerons à représenter ici l'exemple donné à ce sujet; sous le règne de Louis XIV et de Louis XV, par les magistrats des villes de *Reims*, d'*Arras*, *Douay*, *Lille*, *Cambrai*, *Nanci*, *Charleville*, *Châteaudun*, d'*Orléans*, de *Tours* et de *Nantes*, où des rues ont été bâties en ligne directe d'un extrémité à l'autre de la ville, d'une architecture régulière où l'on doit distinguer NANTES particulièrement, que la compagnie GRALIN à fait reconstruire àneuf dans l'espace de 25 ans, et qui contient maintenant 77,000 habitants. Enfin dans ces derniers siècles les *magistrats* de Pontivy, Cholle, *Bourbon-Vendée*, ci-devant *Roche-sur-Yon*, puis *Napoléon*, enfin *Saumur* et le *Mans* se sont également ment *distingués* par les embellissements qu'ils ont fait confectionner dans leur commune.

Observant que le *génie* de GRALIN, a su d'après ces plans bien médités et bien conçus, obtenir les arrêts du conseil d'état et des parlements, qui l'autorisèrent à acquérir toutes ces *maisons*, *terrains*, *emplacements* divers qui existaient précédemment dans l'intérieur de la ville de *Nantes*, au prix du denier 20 légalement réglé en conformité des lois et rôles des contributions-établies en ce temps-là

Objets qui peuvent de même être entrepris actuellement dans chaque commune de France, en raison de la loi nouvellement promulguée en *mai* et *mois suivant* de 1824, par le préfet de la Seine, comme il a été ci-devant par les lois, enfin qui est actuellement en vigueur (*Voyez* les art. 49, 50, 51, et particulièrement celui 52, titre XI.), ainsi conçu :

Dans les villes, les alignements pour l'ouverture des nouvelles rues, pour l'élargissements des anciennes, qui ne font point partie d'une grande route ou pour tout autre objet d'utilité publique seront donnés par les maires, conformément au plan dont les projets auraient été adressés au préfet, transmis avec leur avis au ministre de l'intérieur et arrêté au conseil d'état. Voyez également l'article 53 et 54 idem, qu'il est urgent de suivre de point en point pour la conservation des droits de chacun dans pareille circonstance, et particulièrement l'article 54, que la plupart des agents administratifs ont jusqu'à ce jour mal interprété ou négligé la mise en exécution, lequel est ainsi conçu :

Lorsqu'il y aura lieu en même temps à payer une indemnité à un propriétaire pour terrains occupés, et à recevoir de lui une plus grande valeur pour des avantages acquis à ses propriétés restantes, il y aura compensation jusqu'aux concurrences ; et le surplus seulement, selon les résultats, sera PAYÉ *aux propriétaires* OU ACQUITTÉ PAR LUI.

On voit que le *sens* de ce même article veut que si le gouvernement ou une société d'entrepreneurs légalement autorisés, font les *frais* d'un *établissement* d'utilité publique quelconque, et que la confection soit dans le cas de *susciter* des pertes ou des augmentations d'amélioration, en rapport comme en valeur capitale au bien immeuble qui avoisine ces mêmes établissements ou propriétés restantes;

On voit, dis-je, que les *propriétaires* doivent être appelés à partager les primes qui peuvent résulter de leur plus ou moins de *valeur*, qu'ils auraient acquis par le confectionnement desdits établissements, de manière que la valeur des bonifications de tous biens immeubles, dans pareil cas, doit coopérer à l'indemnité des frais et dépenses qu'aurait pu susciter la confection des susdits établissements.

Enfin, le sens de ce même article 54 veut aussi, que si l'autorité dispose d'un quart d'une propriété, après en avoir fait le remboursement de la valeur, aux concessionnaires, présumée être de 25 francs pour ce même quart ce qui ferait 100 francs pour le tout, soit pour former une nouvelle rue, place, halle, marché, canaux, routes, ponts et chaussées ou tout autre établissement de quelque utilité à la société, et par ce fait les autres 3/4 restants de ladite propriété, se trouvant dans le cas d'obtenir une bonification de manière à ce qu'ils produisent le même rapport que le tout produirait précédemment. Ce qui pourrait faire présumer que le propriétaire de ces 3/4 restants, se trouverait par cette supposition indemnisé de l'autre quart par lui cédé en pareille situation.

A cet effet, il est bon d'observer, que l'article 54 de la loi dont il s'agit, veut que cette même bonification soit partagée entre les administrateurs, entrepreneurs et le concessionnaire, de manière que ces derniers, après avoir été payés du prix principal du quart par lui cédé, il aura 12 fr. 50 centimes à faire compter à ladite administration, comme moitié de 25 francs, somme présumée de ladite bonification des 3/4 à lui restant en toute propriété

Si d'un côté les circonstances voulaient que ce fût le quart qui restât au propriétaire concessionnaire, et que les autres 3/4 fussent par lui cédés à l'administration, pour prix et somme de 75 francs à lui remboursés, et qu'ensuite ledit quart fût susceptible d'obtenir par la même circonstance à lui seul une bonification de 25 francs; cette même somme devra toujours être partagée entre les deux parties : c'est-à-dire que le *concessionnaire* de 3/4, serait de même comptable de 12 fr. 50 cent. envers la même administration; ou si mieux aimez : mondit propriétaire concessionnaire fera l'abandon de toute la propriété à ladite administration pour le prix du capital de 100 francs, que l'immeuble a été présumée précédemment valoir.

Mais si le hasard voulait aussi que les issues *ordinaires* d'une propriété quelconque fussent susceptibles d'être supprimées par le même genre d'entreprise où qu'elle portât *préjudice* à la valeur du principal, comme du rapport de cette même propriété, l'administration peut être contrainte au remboursement du prix capital de son ancienne valeur légalement estimée envers le *possesseur*.

Enfin, il doit en être ainsi pour toutes les autres *propriétés* soit ou non *concédée*, qui par de semblables circonstances seraient dans le cas d'*acquérir* une augmentation, une *valeur* quelconque ou de supporter un *préjudice* à leur rapport ordinaire dont elles étaient susceptibles de produire avant les dispositions de l'entreprise du nouvel établissement.

Observant enfin, que s'il avait été ainsi procédé à l'exécution de ladite loi, pour ce qui concerne le canal de l'Ourcq, St.-Denis et autres établissements divers envers tous les possesseurs des propriétés qui les avoisinent; cela aurait coopéré au remboursement d'une grande partie des frais, que les travaux de leur confectionnement ont suscité, et aurait imposé un *silence* à l'agiot des terrains divers.

De même que pour un infinité d'autres entreprises de première nécessité publique, qui ont été depuis des siècles proposées, et qui ont toujours restées sans confection par ce manque d'attention ou de conception des autorités administratives, chargées de faire exécuter le vœu de ces mêmes *lois*.

Nota. Nous réservons de proposer un plan général pour démontrer la possibilité de rebâtir à neuf tous les quartiers du centre de la ville de Paris, sans qu'il en coûte rien à l'Etat, en suivant de point en point l'exécution de la loi du 16 Septembre 1807, comme il a déjà été observé. Déjà plusieurs personnes avec lesquelles nous avons communiqué à ce sujet, ont fait l'offre de se rendre actionnaires pour 10,000, 50,000 et 100,000 francs chacune, à l'effet de concourir à une aussi vaste et aussi utile entreprise.

Nous nous réservons également de publier incessamment plusieurs autres articles que nous avons conçus, comme pouvant être ainsi entrepris dans divers autres quartiers de la capitale, et particulièeement à la petite *Pologne*, à la place *Royale* ou la *Cité*, et dans le *Marais*, comme nous ayant paru d'une urgente nécessité en général, sans oublier l'avenue et chaussée des *Braves*, proposée à former avec 14 *pavillons* bourgeois et commerciaux aux Champs-Elisées, vis-à-vis les Invalides.

Article communiqué sur les rues de l'Est et l'Ouest.

Plusieurs Architectes, Entrepreneurs et Propriétaires, nous ont observé qu'ils préféreraient avoir une *grille* pour limites du jardin du Luxembourg d'avec ces deux rues, comme il est indiqué pour celle de *Chalgrin* ci-devant citée.

Observant que ce même jardin, formant deux parties *basses* de plus de dix pieds au-dessous du sol desdites rues, où il suffirait pour clôture, de réduire les murs actuels à *hauteur* d'appui, avec une *grille* de quatre pieds au-dessus seulement.

Sans prétendre réfuter ce plan, nous nous bornerons à observer que *deux millions et demi* du produit de la vente des quinze toises de profondeur de terrain ci-devant indiqué, avec la *bonification* des rapports commerciaux et des impositions diverses que pourrait susciter la *construction* des bâtisses ci-devant proposées, mérite également la méditation de chacun pour balancer les *intérêts* de la société et du *commerce* de ce quartier.

Observant, enfin, que toutes les autres rues citées des autres parts pour venir aboutir à celles de *l'Est* et de *l'Ouest* dont il s'agit, pourraient être également prolongées jusqu'audit jardin, au droit desquels seraient établies des *grilles* pour *entrer* et *sortir*, par ce fait formeroit *cul-de-sac* la nuit seulement, où l'on pourrait également former dans chacun douze à quinze boutiques et, des bâtiments d'une architecture régulière de quatre étages.

Puis en dedans dudit jardin, à l'un des côtés de chaque grille d'entrée et de sortie, établir un Pavillon de quatre toises ou huit mètres de face, élevé d'un *entresol*, disposé à servir de logement aux diverses personnes, comme ouvriers jardiniers et autres employés, attachés annuellement à l'administration dudit Palais, lesquels seraient chargés du soin de la fermeture et ouverture desdites grilles, à l'heure qui serait indiquée par ladite administration, objet qui ne doit nullement éprouver aucun obstacle, pas plus que les divers propriétaires riverains de ce jardin public, qui jouissent depuis long-temps des priviléges d'entrées et de sorties particulières.

Enfin, a l'égard des *boues* et *immondices* de la ville, il paraît que la commission de *salubrité* s'occupe avec instance de nouveaux moyens, pour qu'à l'avenir elles soient enlevées avec plus de *soins* et de *célérité*, même transportées par eau, et à une assez grande distance de la capitale. (*Voyez* le *Journal des Débats*, 19 novembre 1824.

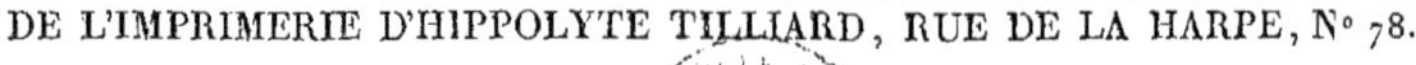

DE L'IMPRIMERIE D'HIPPOLYTE TILLIARD, RUE DE LA HARPE, N° 78.

TABLEAU INDICATEUR

DES

RUES, PLACES ET CARREFOURS

DE PARIS

Dont le dégagement et l'élargissement sont réclamés depuis longtemps pour le service de la voie publique, ainsi que la confection de plusieurs autres, tant anciennement que nouvellement proposés et projetés à y former ;

ACCOMPAGNÉ

Des *lois qui ont rapport* à ces mêmes objets, et des *moyens* peu dispendieux qui peuvent être de suite mis en activité pour en accélérer l'exécution, suivant le *plan géographique* d'un des carrefours les plus fréquentés de cette grande cité, annexé au présent, avec désignation d'un EMBRANCHEMENT DE CANAL, BASSIN ET QUAI à établir dans la partie du *sud-est*, et des corps de *bâtiments* réguliers élevés de chaque côté,

Conçu par un Artiste français,

Le 12 mai 1825, jour de sa soixante-troisième année.

Henri IV, Sully, *Louis* XIV, Colbert, *Louis* XVI, Trudaine, Perronet, les successeurs de ces derniers, *Napoléon* Bonaparte et autres gouvernements qui ont suivi ceux de *Clovis, François* Ier, ont tous successivement reconnu le besoin urgent d'élargir et d'augmenter le nombre des *rues, places, ponts, marchés, ports, quais, canaux* et *boulevards* ; tant de Paris que des autres endroits de l'intérieur de la France, où ils ont fait exécuter et confectionner une grande partie de ces mêmes objets à fur et mesure de l'augmentation de la population et du commerce de ce grand état européen, à l'effet d'accélérer les moyens de communication des affaires commerciales et personnelles de chacun.

Mais il paroîtrait qu'il était réservé au gouvernement du 19e siècle, actuellement présidé par *Charles* X, d'apprécier plus amplement cette grande *vérité*. En fixant particulièrement son attention sur la nécessité actuelle de ces mêmes objets, en raison des immenses travaux publics et particuliers entrepris dans ces derniers temps, et particulièrement pour ce qui concerne la capitale. Cette grande *vérité*, dis-je, dont le besoin journalier se fait successivement et plus que jamais sentir, doit non-seulement fixer l'attention des artistes, entrepreneurs, et chacune des premières autorités administratives comme objet d'urgente nécessité, tant pour le *commerce* que pour la *salubrité* des habitants.

Fait *véridique* que l'un des éditeurs de cette feuille s'est convaincu par lui-même d'après plus de quarante-cinq ans d'expériences, tant dans la partie des ponts et chaussées, que dans les travaux publics et particuliers de divers départements ; *vérité*, enfin, qui a fait concevoir à un grand nombre d'*artistes expérimentés*, quantité de *plans et projets* pour les *embellissements* de Paris et autres villes de France, auxquels le même n'a pas été étranger (1).

Observant que, depuis 1786 jusqu'à ce jour, il n'a cessé de s'occuper de l'objet dont il s'agit, ce qui est particulièrement démontré dans le *Recueil*

---

(1) Lequel se dispose à faire un *tableau synoptique* des *artistes*, connaisseurs et propriétaires, *amateurs* des objets d'utilité publique qui ont contribué dans ces derniers temps à la provocation et confectionnement des *embellissements* des villes en générales, à l'effet de servir de *pièces historiques* aux annales de ce grand état européen.

1

polytechnique par lui conçu, et à la rédaction et publication duquel il a coopéré de 1803 à 1808, de même qu'à *l'Annuaire des ponts* et *chaussées*, qu'un de ses libraires G...., à qui il en avoit confié le débit, a eu l'infidélité de faire contrefaire en son absence. (1)

Observant que l'*Annuaire* dont il s'agit ainsi que le *Recueil* polytechnique ont été déposés conformément aux lois et peuvent servir de pièces probantes pour ce qui concerne les objets des embellissements et divers établissements d'utilité publique, maintenant partie entreprise et confectionnée. *Voyez l'extrait des lettres inscrites à la fin dudit recueil,* qui, d'un côté, ont procuré de nouvelles idées aux différents *artistes*, et, de l'autre, des occupations à une infinité de personnes de toutes professions, ainsi que du travail à des millions d'ouvriers de tous états, et par ce fait, des moyens d'existence à chaque famille.

Moyens nobles et uniques pour faire disparaître la *mendicité*, qui est la source de la paresse, de tous les maux principaux et de tous les crimes. Mais un autre objet qui nous a paru devoir également mériter l'attention du gouvernement et de l'administration municipale, serait la formation des ANGLES à chaque *encoignure de rues* qui sont sujettes d'*encombrements* par le grand nombre de voitures diverses qui y circulent journellement. C'est donc à quoi *l'auteur* a pensé devoir s'occuper en soumettant à ses lecteurs le plan par lui conçu, pour ces mêmes objets, suivant les moyens ci-après indiqués.

PLANS *et moyens peu dispendieux pour le dégagement de la voie publique.*

Ces *moyens* seraient, non pas comme dit M. *Laugier*, d'élargir presque toutes les rues de Paris pour cet objet; mais bien de *prolonger* leur direction tout autant qu'elle peut l'être, afin d'éviter les *tournants* trop fréquents et *couper les* ANGLES *, des carrefours, des rues les plus fréquentées,* en démolissant la *partie* du rez-de-chaussée seulement qui serait reconnue nécessaire, comme il va être ci-après indiqué.

1° Ces ANGLES *ainsi coupés,* on formerait par suite deux façade de *faux équerre* de chacun dix pieds au rez-de-chaussée, qui comprendrait la *superficie* d'une simple *toise* et quelques *pieds* de terrain, que l'on disposerait pour la *voie publique,* de manière que la *bâtisse* restant élevée au-dessus, formerait *saillie* supportée par des *colonnes,* ou par des *arcades* qu'on établiroit dans le genre de la rue de *Rivoli.*

2° Etablir ensuite des *trottoirs* entre lesdites colonnes et la nouvelle *façade* du *faux équerre* de cette partie du rez-de-chaussée destinée pour le passage des gens de pied, à côté duquel on pourrait former de jolies ouvertures, soit pour *boutiques,* ou pour entrée et sortie de ces mêmes bâtiments, ainsi que le tout est *figuré* au *plan* du CARREFOUR des rues du Roule, des *Prouvaires* et Saint-Honoré, annexé au présent.

Observant que les *plans et moyens* dont il s'agit sont aussi simples que faciles à exécuter, et qui pourraient être mis de suite en activité par le gouvernement, en accordant une très faible *indemnité* pour cette partie du rez-de-chaussée qui serait nécessaire d'être concédée à la *voie publique,* en évaluant d'abord le prix principal de cette *toise* et quelques pieds, ensuite celui de la *déduction* qui pourrait être évaluée en *compensation,* pour ce qui concerne le droit de *saillie conservée.*

Observant en outre que lesdits propriétaires pourraient par ce fait tirer un plus grand produit de ces mêmes bâtiments, au moyen des deux encoignures

(1) Ce libraire, à la vérité, de la classe inférieure, n'a pu être considéré, d'après un fait aussi abusif, que comme un homme vil et très méprisable, qu'on aurait pu faire poursuivre judiciairement pour qu'il soit condamné à payer l'indemnité de trois mille exemplaires voulue suivant la loi, comme tous ses *confrères l'ont ainsi jugé.* Fait qui suscite journellement la méfiance des éditeurs propriétaires, dans pareille circonstance.

de rue, et nouvelle *façade* de carrefour qu'ils formeraient, et le tout étant ainsi établi, procurerait de suite une libre circulation à tous les gens de pied ; de même que le carrefour serait libre pour la circulation de cette quantité de voitures diverses qui s'y croisent à tout instant de jour et de nuit ; ce qui empêcherait une infinité d'accidents malheureux que leur encombrement y suscite maintenant, et par ce fait la *voie publique* obtiendrait *trois pieds* au moins, que chaque *borne* actuelle y anticipe, ce qui fait six pieds pour les deux extremités, auxquelles il sera facile d'ajouter quatre autres pieds que l'on pourra se procurer par les *saillies* que les susdites *arcades* ou *colonnes* pourront produire, ce qui formerait dix pieds de plus livrés au service de la *circulation* de chacun.

Enfin celles desdites rues et carrefours de Paris qui, en raison de leur position, méritent de fixer l'attention des autorités administratives, les unes comme trop étroites, en raison de la quantité des passants, d'autres *malsaines* comme n'ayant pas assez d'*air*, les autres formant en ce moment des *pentes trop rudes à franchir* pour le service public de chacun, et que leur population ainsi que leur commerce exigent qu'il soit avisé sans délai aux moyens nécessaires d'obvier aux inconvénients que cela suscite journellement dans leur état actuel.

Ces rues et carrefours sont, suivant l'ordre de leur alphabet, ci-après nommés.

Savoir :

Alpes.	Cloche-Perche.	Grenier-sur-l'eau.	Marcel. (des Fossés saint)	Perpignan. (de)	Spire. (saint)
Anastase. (Ste.)	Colombier. (du)	Harpe. (de la)	Marché-Neuf. (du)	Petit-pont. (du)	Tarenne (de)
André-des-Arts. (St.)	Contrescarpe.	Hautefeuille.	Marie-Stuart.	Phelippeaux.	Tabletterie. (de la)
Anglais. (des)	Copeau.	Hillerin-Bertin.	Marivaux.	Pierre. (saint)	Tacherie. (de la)
Anne. (Ste.)	Coq-Héron.	Hirondelle. (de l')	Marmouzets. (des)	Planche-mibray.	Taillepain.
Antoine. (St.)	Coquenard.	Honoré. (St.)	Martin. (saint)	Plâtre. (du) les	Tannerie.
Appoline. (Ste.)	Coquillière.	Huchette. (de la)	Martroi. (du)	Poirées.. (des)	Temple. (du)
Aubry-le-Boucher.	Cossonerie. (de la)	Hurleur. (du Grand)	Mathurins. (des)	Portes. (des Deux) les	Thibautodé.
Avoie. (Ste.)	Dauphin. (du)	Hyacinthe. (saint)	Maubué.	Poterie. (des)	Thorigny.
Bac. (du)	Dauphine.	Jacques. (saint)	Mauconseil.	Poulies. (des)	Tiquetone.
Bar-du-Bec.	Denis. (saint)	Jean-de-Beauvais. (saint)	Maur. (saint)	Poupée.	Tiron.
Beaubourg.	Diamans, (des Cinq)	Jean-de-Beauce.	Maza rine.	Pourtours.Gervais	Tixeranderie. (de la)
Beaujolais.	Ecouffes, (des)	Jérôme. (saint)	Ménétriers. (des)	Prêcheurs. (des)	Tonnellerie. (de la)
Beauce. (de)	Ecrivains. (des)	Jérusalem.	Medéric. (saint)	Prêtres. (des) les	Tracy.
Beaurepaire.	Ecus. (des deux)	Jour. (du)	Michel-le-Comte.	Quincampoix.	Traînée.
Bercy. (de)	Egoût. (de l')	Jouy. (de)	Mondétour.	Renard. (du)	Transnonain.
Bertin-Poirée.	Etienne.	Judas.	Montmartre.	Reuilly. (de)	Traversière.
Bibliothèque. (de la)	Etuves. (des Vieilles)	Juifs. (des)	Montorgueil.	Richelieu.	Trognon.
Blancs-Manteaux.	Féronnerie.	Juiverie. (de la)	Mortellerie. (de la)	Robert. (Jean)	Troussevache.
Boisseau.(Guérin)	Figuier. (du)	Julien-le-pauvre. (saint)	Mouffetard.	Rohan.	Truanderie.(de la Grande et pet.)
Bondy. (de)	Four. (du)	Landry. (saint)	Musc. (du petit)	Roi (du) de Sicile.	Ursins. (les)
Boucher.	Fourcy. (de)	Lanterne. (de la)	Nicolas. (saint)	Rosiers. (des)	Valois.
Boucheries. (des)	Fourreurs. (des)	Lappe.	Nonaindières.	Sabot. (du)	Vannerie. (de la)
Bourdonnais.	Frépillon.	Lavandières, (des)	Noyers. (des)	Salle-au-Comte.	Ventadour.
Bourguignons.	Froidmanteau.	Lescot. (Pierre)	Ogniard.	Sanson.	Verdelet.
Bourtibourg,	Galande.	Lion. (du petit)	Ours. (aux)	Sauveur. (saint)	Vieille-Haréngerie.
Brisemiche.	Garçons. (des Mauvais)	Loursine. (de)	Pain-mollet.(Jean)	Savonnerie. (de la)	Verrerie. (de la)
Bûcherie.	Geoffroy-Langevin.	Lune. (de la)	Parcheminerie. (de la)	Seine. (de)	Vertus. (des)
Bussy.	Germain-l'Auxerrois. (St.)	Mâcon.(St. André)	Pavée.	Serpente.	Victor. (saint)
Cadran. (du)	Gravilliers. (des)	Mail. (du)	Pélican.	Severin. (saint)	Ville-l'évêque.(de la)
Calandre. (de la)	Grenier-saint-Lazare.	Mandar.	Percée.	Simon-le-Franc.	Vivienne.
Censier.		Marais. (des)	Perdue.	Soly.	Vrilbère. (de la)
Chevalier-du-Guet (du)			Pères. (des Petits)	Sorbonne.	
Chilpéric.			Perigueux. (de)	Sourdière. (de la)	
			Perle. (de la)		

Enfin plusieurs autres *rues, chaussées et carrefours* dont le détail serait trop long pour tenir dans cette feuille, méritent également l'attention publique et entre autres ces misérables *culs-de-sacs et rues* qui ont à peine cinq à six pieds de large, qui répandent une *infection insupportable* ; comme celle des *Poirées, Grenier sur l'eau*, etc, représentant la plupart des *coupe-gorge*, le jour comme la nuit pour tous les passants, c'est à quoi nous invitons chaque lecteur de méditer et de les citer, comme celles ci-après nommés.

Savoir :

Arras. (d')	Cargaisons. (des)	Coutellerie. (de la)	Friperie. (de la gr.)	Joseph. (saint)	Moley.
Audriettes. (des)	Censier.	Croissant. (du)		Jussienne. (de la)	Moulins. (des)
Aumaire.	Chandeliers. (3)	Croix-Blanche. (de la)	Fuseaux. (des)	Lanterne. (de la)	Moussy. (de)
Bailleul.	Chantres. (des)		Gervais-Laurent.	Lantier. (Jean)	Mouton, (du)
Barrés. (des)	Chanverrerie. (de la)	Crucifix. (du petit)	Giudre. (du)	Lancry.	Mûrier. (du)
Beauce. (Jean de)		Damiette.	Gracieuse.	Lesdiguières.	Perrin.
Benoît. (du Cloître saint)	Chat-Blanc. (du)	Degrés. (des gr.)	Haumerie.	Licorne. (de la)	Pierre au lard.
	Chat qui pêche	Denis. (N. saint)	Hilaire. (saint)	Lombards. (des)	Plat. (d'étain)
Bon. (saint)	Chaume. (du)	Draperie. (de la)	Honoré - Chevalier.	Longpont. (du)	Rats. (des)
Bordet.	Chollets. (des)	Egoût. (de l')		Magloire. (saint)	Réale. (de la)
Boucleric. (de la vieille)	Clopin.	Eloi. (saint)	Hubert. (Jean)	Marcel. (des fos. saint)	Santé. (à paver)
	Cluny. (de)	Epines. (Jean des)	Jacinthe.		Sanson.
Boulangers. (des)	Colombe. (de la)	Etoile. (de l')	Jardins. (des)	Marché-neuf. (du)	
Boules. (des deux)	Coq. (du)	Fauconnier. (du)	Jean. (N. saint)	Marché aux poirées	Venise. (de)
Bourbon - le-Château.	Cordiers. (des)	Fiacre. (saint)	Jean de Latran. (saint)	Massillon.	Versailles. (de)
	Corroierie.	Filles-Dieu. (des)		Maure. (du)	Vertbois. (du)
Boutebrie.	Cossonerie. (de la)	Foin. (du)	Jean-Tison.	Méry. (du cloître saint)	
Cainret. (du)	Courtalon.	Forez. (du)	Jouillerie. (de la)		Zacharie.

Canal du Faubourg St.-Marceau à établir, cité à l'article 53 du Ier cahier de ce même ouvrage.

Observant que ce même et vaste faubourg possède quantité d'emplacements et jardins spacieux, propres à former divers *établissements d'utilité publique*, entre autres la rivière de *Bièvre*, qui, quoique peu volumineuse, pourrait cependant servir à former un *canal* et plusieurs *bassins* pour service de ports et gares aux *bateaux* marchands, au moyen des *écluses* qui retiendraient les eaux de cette rivière, de manière à pouvoir être lâchées à volonté pour nétoyer ce même *canal*, toutes les fois que le besoin l'exigerait, et chasser ces eaux, aujourd'hui croupissantes dans plusieurs positions de son cours, qui répandent par leurs mauvaises odeurs une infection aussi malsaine qu'insupportable aux passants, et suscitent journellement aux habitants même des maladies *mortelles*.

Ce *canal* étant ainsi établi depuis la *Seine* jusqu'au *boulevard* des Gobelins, où un *vaste bassin* avec de beaux *quais* y seraient formés et plusieurs corps de *bâtiments* d'une architecture régulière, majestueusement bâtis, de trois à quatre étages ; *idem* au rez-de-chaussée y former d'élégantes boutiques ainsi que des *magasins* propres à toute espèce d'*entrepôt* et de *commerce*, en raison de la proximité des *halles au vin* et *du port* St.-Bernard, où toute affaire de chargement et de transport pourraient se faire par eau, ce qui encouragerait l'industrie manufacturière de ses habitants, de manière que ces mêmes faubourgs et quartiers deviendraient bientôt les plus marchands, les plus commerçants et les plus charmants de la Capitale.

Enfin ce qui susciterait bientôt, à n'en pas douter, le *plan général* de rebâtir à neuf toute la rue *Mouffetard*, sur une largeur de quarante-deux pieds, au moins avec des *angles coupés* de trois mètres de face chacun, à toutes les encoignures de rues qui y aboutiraient, bordés de bâtiments de trois et quatre étages, au long desquels seraient des *trottoirs*, et au milieu une *chaussée* pavée, puis des *ruisseaux* de traverses, d'une forme *biaisant* (1) en *pente douce*, le tout d'une architecture la plus régulière possible, pour qu'à l'avenir les voitures puissent circuler avec aisance et facilité, sans être exposées dorénavant à ces affreux *cahots* que suscitent maintenant tous ces millions de *ruisseaux* établis en ligne d'*équerre* dans la plupart des rues et carrefours de cette même ville, ainsi que sur toutes les routes de France, qu'il serait aussi urgent de *refaire* de la même *forme* pour coopérer à la garantie des accidents qui arrivent journellement aux voya-

______
(1) Semblables à ceux nouvellement formés sur le quai *Pelletier*.

geurs, et d'éviter à l'avenir le renversement de voitures diverses, qui occasionne continuellement des malheurs cruels, tant à leurs entrepreneurs qu'aux personnes qu'elles conduisent.

RUE NEUVE-DU-PUITS-CERTAIN.

Avant de quitter la partie du *Sud-est de la capitale*, pour ce qui concerne tous ses embellissements et l'amélioration de son commerce et la salubrité de ses habitants, nous observerons qu'après avoir parcouru tout son ensemble, nous avons remarqué que, s'il était encore un objet qui mérite de fixer l'attention du gouvernement pour le bien général des quartiers *St.-Victor* et de la *Montagne Ste.-Geneviève, place Cambrai et cloître St.-Benoît*, ce serait la formation de la *rue Neuve-du-Puits-Certain*, sur une largeur de trente-six pieds en ligne directe, depuis le *carrefour* de celle *Saint-Victor*, vis-à-vis celle des *Boulangers* jusqu'à celui des rues *Racine et Fossés M.-le-Prince*, qui depuis long-temps doit communiquer à celle de *Hautefeuille*, observant que, pour l'ouverture de la nouvelle rue dont il s'agit, il n'existe à *supprimer* que de vilaines masures et quelques maisons particulières, la plupart mal bâties, toutes d'une forme irrégulière et d'un mauvais goût d'architecture, en outre *inhabitables* et *inabordables* pour les voitures, et même malsaines pour les habitants, au lieu que par la formation de la nouvelle rue du *Puits-Certain*, qui serait bien pavée en chaussée, laquelle aurait cinq *pentes* différentes pour l'écoulement de ses eaux, établis par un *nivellement* régulier, de manière qu'à l'avenir les piétons et les voitures puissent avec facilité aller et venir aisément, pour chacune de leurs affaires dans ces mêmes quartiers.

La première partie serait du *carrefour actuel des rues St.-Victor et des Boulangers*, jusqu'à celle des Fossés-St.-Victor, où une place serait formée.

La deuxième *pente* de cette place à la rue *Montagne-Ste.-Geneviève*, ou une autre place serait aussi formée.

La troisième de cette même rue à celle de *St.-Jacques*, où une autre place serait aussi établie.

La quatrième de cette dernière à celle la *Harpe*, où serait également formée une quatrième place.

La cinquième enfin à la rue des Fossés-M.-le-Prince, vis-à-vis la rue Racine, où serait aussi une autre place en forme de patte d'oie, nommée *Molière*.

La première de ces places pourrait être nommée *Dacier* (1), la deuxième *Marie-Thérèse*, la troisième *Hurthault* et la quatrième *Robert-Sorbonne*.

Enfin il faudrait, pour la confection de cette même rue, qu'une compagnie soit autorisée à acquérir, conformément aux *lois* des 16 septembre 1807 et 8 mars 1810, non-seulement toute la *superficie* que nécessiterait l'emplacement des rues et places ci-dessus citées ; mais en dessus celle de quinze *toises de profondeur*, au-delà des limites de chaque côté, soit un peu plus ou un peu moins que pourrait contenir l'étendue de chaque propriété actuelle qui y aboutirait, et même *celle au-delà* s'il en était besoin.

Pour que, d'une part, les *Entrepreneurs* puissent avec facilité bien combiner les opérations de *nivellement* à faire à ce sujet, de manière que les *déblais* puissent servir aux *remblais* que cette même opération nécessiterait pour rendre autant qu'il serait possible les terrains les plus réguliers, et de l'autre *bâtir* de nouvelles *habitations* bien aérées, propres au commerce et usage du bien général.

Cela étant ainsi établi, bientôt ce quartier doublerait dans la *valeur* de *son sol*, de même que dans celle du *rapport* de son commerce, et *indemniserait* en peu de temps les *Entrepreneurs* de leurs dépenses, comme il doit être de

---

(1) Nom d'un *ancien officier* qui s'est distingué du temps des guerres de Poitiers, sous le *Roi Jean*.

toute justice et d'équité dans pareille circonstance, et ses habitants pourraient plus commodement vaquer à leurs affaires, pour les transports des divers objets que nécessite leur commerce respectif.

Enfin, de cette même entreprise, il en résulterait peut-être encore un *bienfait* que l'on a droit d'espérer de rencontrer dans la nature du sol, par le *déblai*, où on pourrait trouver quantité de *matériaux*, comme *pierres, moëlons* et *sables* rendus sur les lieux, qui serviraient aux nouvelles bâtisses et constructions qui seraient susceptibles d'être entreprises.

De plus, on pourrait établir de beaux *gradins* avec des marches en pierre pour tous les arrivages des diverses petites rues qui seraient dans le cas d'aboutir à celle *Neuve-du-Puits-Certain* dont il s'agit, ce qui compléterait le bienfait que chacun a droit d'espérer dans pareille entreprise pour tous les passants et les habitants de ces mêmes quartiers. Comme la *chaussée de Meaux* nommée en juin 1825, *Charles* X, qui va vivifier le commerce de celui de *Poissonnière* déjà cité (1).

LOI.

Sur les Expropriations pour cause d'utilité publique.

Du 10 mars 1810, faisant suite à celle du 16 septembre 1807, nouvellement *promulguées* en 1824 et 1825, par le préfet de la Seine, relativement aux *alignements des rues et places de Paris.*

TITRE Ier *Dispositions préliminaires.*

Art. Ier L'expropriation pour cause d'utilité publique s'opère par l'autorité de la justice.

2. Les tribunaux ne peuvent prononcer l'expropriation qu'autant que l'utilité en a été constatée dans les formes établies par la loi.

3. Ces formes consistent,

1° Dans le décret impérial, qui seul peut ordonner des travaux publics ou achats de terrains ou édifices destinés à des objets d'utilité publique ;

2° Dans l'acte du préfet, qui désigne les localités ou territoires sur lesquels les travaux doivent avoir lieu, lorsque cette désignation ne résulte pas du décret même, et dans l'arrêté ultérieur par lequel le préfet détermine les propriétés particulières auxquelles l'expropriation est applicable,

4. Cette application ne peut être faite à aucune propriété particulière qu'après que les parties intéressées ont été mises en état d'y fournir leurs contredits, selon les règles ci-après exprimées.

TITRE II. *Des Mesures d'administration relatives à l'expropriation.*

5. Les ingénieurs ou autres gens de l'art chargés de l'exécution des travaux ordonnés, devront, avant de les entreprendre, lever le plan terrier ou figuré des terrains ou édifices dont la cession serait par eux reconnue nécessaire.

6. Le plan desdites propriétés particulières, indicatif des noms de chaque propriétaire, restera déposé pendant huit jours entre les mains du maire de la commune où elles seront situées, afin que chacun puisse en prendre connaissance et ne prétende en avoir ignoré.

Le délai de huitaine ne courra qu'à dater de l'avertissement qui aura été collectivement donné aux parties intéressées à prendre communication du plan.

Cet avertissement sera publié à son de trompe ou de caisse dans la commune, et affiché tant à la principale porte de l'église du lieu, qu'à celle de la maison commune ; lesdites publications et affiches seront certifiées par le maire.

7. A l'expiration du délai, une commission présidée par le sous-préfet de l'arrondissement, et composée en outre de deux membres du conseil d'arrondissement désignés par le préfet, du maire de la commune où les propriétés seront situées, et d'un ingénieur, se réunira au local de la sous-préfecture.

8. Cette commission recevra les demandes et les plaintes des propriétaires qui soutiendraient que l'exécution des travaux n'entraîne pas la cession de leurs propriétés.

Elle appellera les propriétaires toutes les fois qu'elle le jugera convenable.

9. Si la commission pense qu'il y a lieu de maintenir l'application du plan, elle en exposera les motifs.

(1) Le pont, dit de la *Triperie,* dont nous avons parlé dans le *cahier précédent*, rue *Mouffetard,* va enfin être rétabli pour 13,000 fr., ainsi que la *grille* du *Palais de justice* estimée à 76,000 fr., en juin 1825 ; par A. *Perrier,* objet déja proposé en 1807 ; par M. A. H. D.

Si elle est d'avis de quelques changements, elle ne les proposera qu'après avoir entendu ou appelé les propriétaires des terrains sur lesquels se reporterait l'effet de ces changements.

Dans le cas où il y aurait dissentiment entre les divers propriétaires, la commission exposera sommairement leurs moyens respectifs, et donnera son avis motivé.

10. Les opérations de la commission se borneront aux objets mentionnés dans les articles 8 et 9 : elles devront être terminées dans le délai d'un mois, à partir de l'expiration de celui énoncé dans l'article 7, après quoi le procès-verbal en sera adressé par le sous-préfet au préfet.

Le préfet statuera immédiatement, et déterminera définitivement les points sur lesquels seront dirigés les travaux.

11. La commission et le préfet ne prendront aucune connaissance des difficultés qui ne porteraient que sur le prix des fonds à céder.

Si les propriétaires et le préfet ne s'accordent point à ce sujet, il y sera pourvu par les tribunaux, qui connaîtront de même de toutes réclamations relatives à l'infraction des règles prescrites par le présent titre et le précédent.

12. Lorsque les propriétaires souscriront à la cession qui leur sera demandée, ainsi qu'aux conditions qui leur seront proposées par l'administration, il sera passé, entre ces propriétaires et le préfet, un acte de vente qui sera rédigé dans la forme des actes d'administration, et dont la minute restera déposée aux archives de la préfecture.

TITRE III. *De la Procédure devant le Tribunal.*

§. Ier *De l'Expropriation.*

13. Lorsqu'à défaut de conventions entre les parties, l'arrêté du préfet, indicatif des propriétés cessibles, aura été par lui transmis, avec copie des autres pièces, au procureur impérial du tribunal de l'arrondissement où les propriétés seront situées, ce procureur impérial, dans les trois jours suivants, requerra l'exécution dudit arrêté, sur le vu duquel le tribunal, s'il n'aperçoit aucune infraction des règles posées aux titres Ier et II, autorisera le préfet à se mettre en possession des terrains ou édifices désignés en l'arrêté, à la charge de se conformer aux autres dispositions de la présente loi.

Ce jugement sera, à la diligence du procureur impérial, affiché à la porte du tribunal; il sera, de plus, publié et affiché dans la commune, selon les formes établies par l'article 6.

14. Si, dans les huit jours qui suivront les publications et affiches faites en la commune, les propriétaires ou quelques uns d'entre eux prétendent que l'utilité publique n'a pas été constatée, ou que leurs réclamations n'ont pas été examinées et décidées, le tout conformément aux règles ci-dessus, ils pourront présenter requête au tribunal, lequel en donnera communication au préfet par la voie du procureur impérial, et pourra néanmoins prononcer un sursis à toute exécution.

Dans la quinzaine qui suivra cette communication, le tribunal jugera à la vue des écrits respectifs; ou immédiatement après l'expiration de ce délai, sur les seules pièces produites, si les formes prescrites par la présente loi ont été ou non observées.

15. Si le tribunal prononce que les formes n'ont pas été remplies, il sera indéfiniment sursis à toute exécution, jusqu'à ce qu'elles l'aient été; et le procureur impérial, par l'intermédiaire du procureur général, en informera le grand juge, qui fera connaître à l'empereur l'atteinte portée à la propriété par l'administration.

§. II. *Des indemnités.*

16. Dans tous les cas où l'expropriation sera reconnue ou jugée légitime, et où les parties ne resteront discordantes que sur le montant des indemnités dues aux propriétaires, le tribunal fixera la valeur de ces indemnités, eu égard aux baux actuels, aux contrats de vente passés antérieurement et néanmoins aux époques les plus récentes, soit des mêmes fonds, soit des fonds voisins et de même qualité, aux matrices de rôles et à tous autres documents qu'il pourra réunir.

17. Si ces documents se trouvent insuffisans pour éclairer le tribunal, il pourra nommer d'office un ou trois experts : leur rapport ne liera point le tribunal, et ne vaudra que comme renseignement.

18. Dans le cas où il y aurait des tiers intéressés à titre d'usufruitier, de fermier ou de locataire, le propriétaire sera tenu de les appeler avant la fixation de l'indemnité, pour concourir, en ce qui les concerne, aux opérations y relatives; sinon, il restera seul chargé envers eux des indemnités que ces derniers pourraient réclamer.

Les indemnités des tiers intéressés ainsi appelés et intervenants seront réglées en la même forme que celles dues aux propriétaires.

19. Avant l'évaluation des indemnités, et lorsque le différend ne portera point sur le fond même de l'expropriation, le tribunal pourra, selon la nature des travaux, ordonner provisoirement la mise en possession de l'administration : son jugement sera exécutoire nonobstant appel ni opposition.

§. III. *Du Paiement.*

20. Tout propriétaire dépossédé, sera indemnisé conformément à l'article 545 du Code Napoléon.

Si des circonstances particulières empêchent le paiement actuel de tout ou partie de l'indemnité, les intérêts en seront dus à compter du jour de la dépossession, d'après l'évaluation provisoire ou définitive de l'indemnité, et payés de six en six mois, sans que le paiement du capital puisse être retardé au-delà de trois ans, si les propriétaires n'y consentent.

21. Lorsqu'il y aura des intérêts échus ou non payés par l'administration débitrice, ou lorsque le capital ou partie du capital de l'indemnité n'aura pas été remboursé dans les trois ans, ou dans les termes du contrat, les propriétaires et autres parties intéressées pourront remettre à l'administration des domaines, en la personne de son directeur dans le département de la situation des biens, un mémoire énonciatif des sommes à eux dues, accompagné des titres à l'appui : cette remise sera constatée par le récépissé du directeur ou par exploit d'huissier.

Si, dans les trente jours qui la suivront, le paiement n'est pas effectué, les propriétaires ou autres parties intéressées pourront traduire l'administration des domaines devant le tribunal, pour y être condamnée à leur payer les sommes à eux dues à l'acquit, de l'administration en retard, et sauf le recouvrement exprimé en l'article 24.

22. Avant qu'il soit statué sur l'action récursoire dirigée contre l'administration des domaines, le procureur impérial pourra requérir, pour en instruire le grand-juge, ministre de la justice, un ajournement d'un à deux mois, qui devra, en ce cas, être prononcé par le tribunal.

23. Si, durant cet ajournement, nulle mesure administrative n'a été prise pour opérer le paiement, le tribunal prononcera après l'expiration du délai.

24. Lorsque l'administration des domaines aura, par suite des condamnations prononcées contre elle en exécution des dispositions ci-dessus, déboursé ses propres deniers à l'acquit d'autres administrations, elle se pourvoira devant le gouvernement, qui lui en procurera le recouvrement ou lui en tiendra compte, le tout ainsi qu'il appartiendra.

TITRE IV. *Dispositions générales.*

25. Dans tous les cas où il y aura des hypothèques sur les fonds, des saisies arrêts ou oppositions formées par des tiers au versement des deniers entre les mains soit du propriétaire dépossédé, soit des usufruitiers ou locataires évincés, les sommes dues seront consignées à mesure qu'elles écheront, pour être ultérieurement pourvu à leur emploi ou distribution dans l'ordre et selon les règles du droit commun.

26. Toutes les fois qu'il y aura lieu de recourir au tribunal, soit pour faire ordonner la dépossession ou s'y opposer, soit pour le réglement des indemnités, soit pour en obtenir le paiement, soit pour reporter l'hypothèque sur des fonds autres que ceux cédés, la procédure s'instruira sommairement : l'enregistrement des actes qui y sont sujets aura lieu gratis.

Le procureur impérial sera toujours entendu avant les jugements tant préparatoires que définitifs.

27. Les dispositions de la loi du 16 septembre 1807, ou de toutes autres lois qui se trouveraient contraires aux présentes ; sont rapportées. (1)

Loi adoptée par le corps législatif. Paris, 8 mars 1810. *Signé* le comte DE MONTESQUIEU, *président ;* B. DAUZAT, EMMERY, CHIAVARINA, CLAUSEL-COUSSERGUES, *secrétaires.*

Et contre signé au palais des Tuileries, le 18 mars 1810.

Signé NAPOLÉON.

Vu, par nous, Archichancelier de l'Empire, Signé CAMBACÉRÈS.

Par l'Empereur :

Le Ministre Secrétaire d'état, Signé H. B. Duc DE BASSANO.

Certifié conforme par nous

Grand-Juge Ministre de la justice : LE DUC DE MASSA.

(1) La loi du 16 septembre 1807 ci-devant citée, mérite toujours d'être consultée pour les autres formalités à suivre : concernant toutes concessions qui peuvent être requises, relativement aux entreprises d'utilité publique, suivant l'art. 52, titre XI de ladite loi, que le préfet du département de la Seine a successivement fait promulguer depuis 1824 et année suivante, concernant les *changements des rues de Paris.*

Imp. D'HIPPOLYTE TILLIARD, rue de la Harpe, n° 78.

PLAN DU CAREFOUR

DES RUES

des Prouvaires, St Honoré et du Roule,

situé au centre Nord-Ouest de Paris,

AVEC

Les Angles coupés de 10 pieds de face, proposés à établir à chaque angle ainsi que des Colonnes élevées jusqu'au 1.er étage, seulement disposées à supporter en Saillie la partie des batimens sous lesquels seroient des Trottoirs pour les gens de pied. Plan qui pourroit être pareillement exécuté aux autres Carefours des Rues les plus fréquentées de la Capitale, ainsi que le tout est plus amplement détaillé au Tableau Indicateur imprimé in 4.º ancxé au présent.

Par M. B. A. H. D. Architecte an 1825.

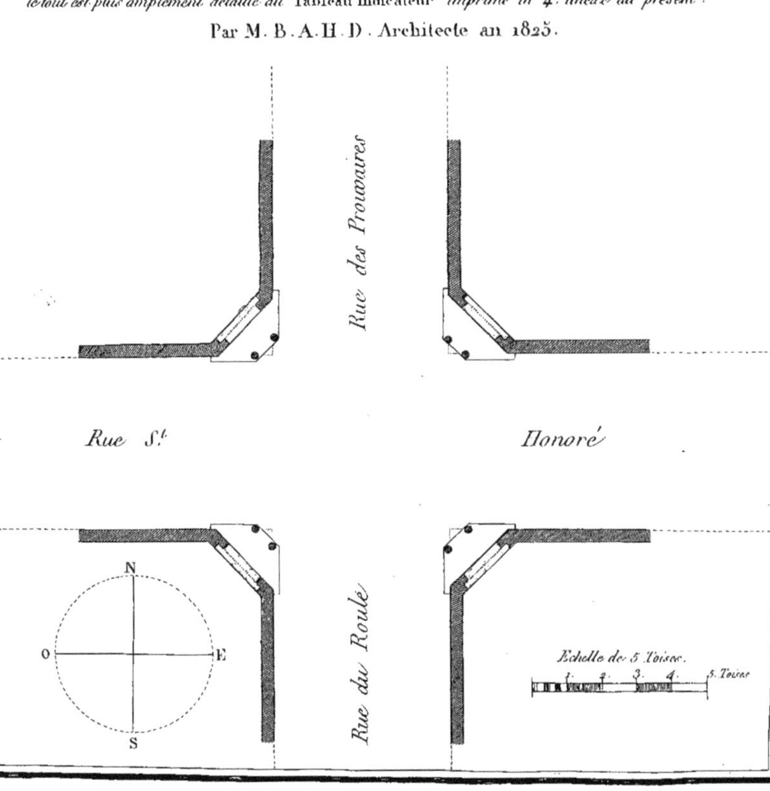

PRÉCIS HISTORIQUE

DES CANAUX DE L'OURCQ,

DE SAINT-DENIS ET DE SAINT-MAUR, A PARIS;

JOINT AU PLAN OU *CARTE* GÉNÉRALE DESDITS CANAUX,

GRAVÉS GÉOMÉTRIQUEMENT PAR *BERTHELOMET*,

D'après les dessins et données de M. B. H. D., artiste dans cette partie, suivi de la désignation de plusieurs autres Canaux anciennement projetés, et dont l'utilité publique déjà reconnue, et qui ont été nouvellement approuvés par le Gouvernement français.

CE fut sous *François* Ier, en 1520 et années suivantes, que le prévôt des marchands et les échevin de la ville de Paris, remplissant à cette époque les fonctions de *maires* et *d'officiers municipaux*, s'occupèrent pour la première fois du plan proposé concernant l'entreprise du canal de l'*Ourcq*, nom d'une rivière qui prend sa source et qui forme une *fontaine* dans la *forêt de Ris*, près les villages de Courmont et Frêne, frontières des Départements de l'Aisne et de la Marne, en Champagne.

— L'*Ourcq* passe ensuite à Cierges, La Fère-en-Tardenois, Valchrétien, Armantière, Pont-St.-Bernard, Vichel, Montgruy, Pont-Périgny et La Ferté-Milon. L'*Ourcq*, après avoir parcouru ces divers pays, va tomber dans la Marne au-dessous de Lizy en Brie, Département de Seine-et-Marne.

En 1590, sous *Henri IV*, on renouvela le plan de l'entreprise du canal de l'*Ourcq*. On proposa de former un bassin de partage à La Ferté-Milon, pour établir un second canal, qui aurait été joindre, d'un côté, l'*Aisne* à Soissons, par la petite rivière de *Crisé*, et de l'autre, la *Marne*, au-dessous de Lizy, en suivant le cours de la petite rivière de *Long-Pont*, près la forêt de Villers-Coterets, joignant l'*Ourcq* au-dessus de Sillery; M. *de Louvoy* a renouvelé l'entreprise de cette partie de canal, tel qu'il est tracé sur la carte de l'ingénieur *Pintrielle*. En 1804, ce même canal fut renouvelé, et un décret du gouvernement d'alors en ordonna la confection, qui n'eut pas d'exécution. En 1824, l'ingénieur Girard, cité des autres parts, a offert une compagnie pour son exécution, qui paraît avoir été prise en considération.

C'est sous *Henri IV* qu'a été entrepris et confectionné le beau et utile *canal de Briare*, sur la Loire, à la Seine, par Montargis, au-dessus d'Orléans, premier établissement de ce genre fait en France.

En 1632, sous *Louis XIII*, Jacques et Louis de Fouligny, Nicolas de Creil, Raymond Massuan, Claude Couturier, Jacques de Montaut et Malvoine, bourgeois de Paris, obtinrent des lettres-patentes, pour rendre la rivière de l'*Ourcq* navigable depuis la Ferté-Milon, jusqu'à son embouchure dans la Marne, près de Lizy, qui fut terminé en 1658.

En 1661, le sieur Arnaud augmenta la navigation de trois lieues, en remontant depuis la Ferté-Milon jusqu'au Moulin-de-l'Isle, près Cresne, sur l'*Ourcq*; cette rivière est si utile, que les marchands l'appellent la petite rivière par excellence.

Louis XIV et *Colbert* son grand Ministre, trouvèrent tant de grandeur et d'utilité dans cette entreprise, que l'on accorda des lettres-patentes, au mois de Juillet 1666, à MM. de *Riquet* et de *Manse*, qui furent renouvelées, en 1676, pour l'ouverture de ce canal au-delà de Meaux jusqu'à Paris. M. le duc d'Orléans donna aussi les siennes, le 20 Mai 1677, en raison de ce que la rivière de l'*Ourcq*, depuis Lizy jusqu'à son embouchure dans la Marne, lui appartenait, comme faisant partie de son duché de *Valois* (1), où M. de *Mancez* a fait commencer ses travaux pendant que M. de *Riquet* était au canal du *Languedoc*.

<hr>

(1) En 1822, M. le duc d'Orléans a fait la cession à la ville de Paris, de tous les droits et prétentions dont sa famille avait joui depuis des siècles, de la *navigation* de l'*Ourcq*, au sujet duquel M. *Dupin*, son avocat, a rédigé et publié un Mémoire où il estime sa demande à 2 millions pour indemnité du dérangement des eaux de l'*Ourcq*, pour le canal dont il s'agit; objet qui a été traité à l'amiable entre les parties.

La mort du ministre *Colbert* et de M. *Riquet* arriva à peu près lorsque cette partie de canal fut presque finie. Enfin les guerres continuelles que le Roi eut à soutenir a provoqué la suspension de cette entreprise : mais Monsieur de Mause en conserva toujours soigneusement les *plans*, ainsi que les états des nivellements, titres, mémoires et devis qu'il regarda toujours comme une chose si précieuse, qu'en mourant, il en fit dépositaire *Catherine Talon*, son épouse, à qui il ne crut pas pouvoir donner de meilleures preuves de son attachement.

En 1787, sous le vertueux Louis XVI, M. *Brulé*, jadis employé à la charpente du pont d'Orléans, ensuite entrepreneur à Paris où il a fait celle de l'Opéra Saint-Martin en trente-six jours, ainsi qu'une partie de celle du Palais Bourbon, qu'il n'a pas fini, dit-on, par cause de quelques faits contraires à la *fidélité*. Ayant été aussi employé sous l'architecte Soufflot à la construction de la nouvelle église de Sainte-Geneviève, mondit sieur Brulé lui ayant présenté le modèle d'une *grue* pour monter les matériaux, qu'un de ses *camarades* lui avait vendue, M. Brulé sut donc s'attirer la bienveillance de M. Soufflot, au point qu'il *épousa* une de ses *parentes*, qui lui apporta une dot de 3o *mille fr. de rente.* Vers 1780, il conçut le plan d'accaparement des *bois de charpente* dans les diverses forêts qui approvisionnent ordinairement Paris de ces objets, sur la vente desquels mondit sieur Brulé a su se procurer des bénéfices immenses, au point qu'il était parvenu à se faire plus de quatre-vingt mille francs de revenu.

Enfin, étant retiré de toutes ces entreprises en 1787, il imagina de tenter celle du canal de l'Ourcq sous les noms de *Canal royal de Paris*; à cet effet, il se procura le *Traité des canaux de navigation* de M. Lalande avec des *copies* de tous les divers *plans* et *projets* qui avaient été anciennement proposés pour cet objet, et les soumit au CONSEIL DU ROI, au nom de *Sébastien Job* qui était attaché à la maison d'un ministre d'état, alors que M. Brulé avait choisi pour prête-nom de sa Compagnie.

MM. *Bordas*, *Lavoisier*, *Perronet*, et le *marquis Condorcet*, tous quatre académiciens célèbres, furent chargés de l'examiner; ayant fait leurs rapports à S. M., il fut rendu en son Conseil d'état un arrêt qui autorisait l'ouverture dudit *canal royal de Paris.*

MM. *Lecouteux* et *Cabaruse*, banquiers, le général *Paoli*, de l'île de Corse, et *Louis-Philippe-Joseph d'Orléans*, DUC DE CHARTRES, alors premier Prince français, tous réunis en société chez mondit sieur Brulé qui demeurait à cette époque rue de *Richelieu*;

Convinrent de fournir un capital de *vingt millions* présumés nécessaires à la confection dudit canal. Une contestation s'étant élevée au sujet de l'ingénieur *Gency*, qui fut proposé par la Compagnie pour veiller de concert avec mondit sieur Brulé à la direction des travaux de cette même entreprise, de manière à balancer les intérêts des parties respectives, M. Brulé ayant persisté à vouloir jouir par lui seul du POUVOIR ABSOLU, il lui fut observé que puisqu'il prétendait gouverner ainsi l'administration, il pouvait également seul *diriger les finances*, la société fut dissoute, et toutes les dispositions prises à cette époque pour le renouvellement de *cette même entreprise fut de nouveau délaissé et abandonné.*

Enfin, M. *Brulé*, avec le législateur *Lemoine*, ancien maire de *Dieppe*, avait également renouvellé l'entreprise d'un *canal* de cette dernière ville à *Paris*, par les rivières d'*Arc*, de la *Bethune*, de l'*Ept*, et le *Therrain*, qui passe à *Beauvais* et tombe dans l'*Oise* au-dessous de *Creil*, cette dernière conduit à Pontoise d'où ils proposèrent d'établir une autre partie de canal qui devait aller joindre celui de *l'Ourcq* à Saint-Denis par Pierrelay et la vallée de Montmorency, avec une *branche* de Pierrelay qui devra conduire à Conflans-Sainte-Honorine sur Seine, ainsi qu'il est figuré au plan ci-joint

Ces canaux viennent d'être renouvelés avec celui de *canalisation* de la Seine de Paris au *Havre.* (Voyez les journaux dits *Constitutionnel* du 29 mars 1825, et *la Quotidienne* des 4 et 5 du mois suivant.)

Renouvellement de l'entreprise du CANAL DE L'OURCQ, par M. BRULÉ.

En 1787 et 1788, Louis XVI roi de France et de Navarre voulut enfin soulager la classe laborieuse des *cultivateurs*, *agriculteurs*, artisans, fabriquants et manufacturiers de ce grand *état Européen*, comme étant convaincu par expérience que c'était la plus utile et la plus nécessaire au bien général de la société; sachant en même temps que cette même classe avait depuis des *siècles* été seule chargée du paiement des impositions nécessaires au besoin de l'état.

Ce grand et généreux *prince*, dis-je, convoqua à ce sujet les *notables* de ses états en assemblée générale à Versailles, pour, de concert avec eux, aviser au moyen urgent et utile à liquider les dettes de l'état d'alors en leur faisant présenter, par M. Necker son premier ministre des finances à cette époque, le plan d'un impôt *territorial* sur le bien de chacun, ce qui fut rejeté par cette même assemblée, au point que ce même prince fut obligé de convoquer ses *états généraux* réunis en leur première assemblée aussi à Versailles, le 5 mai 1789; lesquels vinrent ensuite siéger au mois d'octobre suivant à Paris, 1° à la salle du *chapitre* de l'archevêché, 2° ensuite à celle de l'ancien *manége* existant à cette époque où passent maintenant les belles rues de Rivoli et Castiglione. Ce fut dans cet endroit que M. Brulé, ci-devant parlé, présenta et renouvela les plans de l'entreprise du canal de l'Ourcq, joints aux pièces qu'il avait disposées à cet effet en son nouveau domicile existant alors rue des Fossés-du-Temple, où il avait associé à ses intérêts une infinité de personnes de diverses professions, entre autres l'entrepreneur B******, déjà employé à ce sujet la campagne précédente.

Enfin, arriva 1790 : mondit sieur Brulé, muni de toutes les adhésions qu'il désirait, renouvela les sollicitations auprès de l'*assemblée nationale* pour obtenir les *lois et décrets* nécessaires à l'autorisation de l'entreprise du canal dont il s'agit. MM. le Duc de *Liancourt*, *Pétion*, *Dauchy*, *Boutisdoure*, tous *législateurs* et membres du comité d'*agriculture* et du commerce, furent chargés de l'examen des propositions de M. Brulé concernant ledit canal ; ils firent leurs *rapports* à ladite assemblée, qui prononça un décret qui autorisa l'entreprise, et que S. M. Louis XVI sanctionna sous le nom de *canal national de Paris*.

Ce *décret* fut motivé par l'urgente nécessité de procurer des travaux et des *moyens d'existence* à des milliers de personnes de tous états et professions, qui se trouvaient à cette époque sans emploi, en raison de l'*émigration* d'un grand nombre d'habitants de la haute classe de la société, qui eut lieu à cette époque.

Ce décret proclamé et affiché par toute la France fit *affluer* une grande quantité d'ouvriers dans la capitale, au point qu'on en comptait vers la fin de 1790 plus de 40 mille réunis en *atelier* dit de *charité*, en raison de 20 sous par jour, tous répandus autour de Paris, à *ragréer* quelques parties de *chemins vicinaux* et quelques *buttes de terre*, *çà et là*, qui représentaient des travaux très *insignifiants*, n'ayant aucun ordre ni surveillance bien réglés, quoique dirigés par un *Conseil* particulier de la municipalité, présidé alors par l'architecte *Celerier* et l'avocat *Plaisant*. Jamais il n'y eut d'époque plus favorable pour l'exécution de ce canal M. Brulé ayant fait transférer ses bureaux dans une maison attenant à l'ancien Opéra, rue Porte-St-Martin, y fit mettre en lettre d'or, ces mots : ADMINISTRATION GÉNÉRALE DU CANAL NATIONAL DE PARIS. M. Brulé continuant toujours à payer ses divers employés avec des promesses, de manière que l'entrepreneur ci-devant cité le fit assigner à paraître devant le juge de paix Locret (1), le 29 janvier de ladite année, à lui payer la somme de de 4742 liv. 7 sols 6 deniers qu'il réclamait, et où l'avocat *Poulletier*, depuis président de première instance à *Soisson*, défenseur du sieur Brulé déclara que ce créancier avait été payé sans quittance. Ce dernier, muni de pièces justificatives du contraire, les présenta au juge de paix *Locret*, de manière que le sieur Brulé fut condamné à solder ce premier réclamant. Ledit sieur Brulé ayant interjeté appel, envoya un de ses *coure à pied*, espèce d'agent sans titre ni qualité qui se présenta comme son défenseur. La cause ayant été appelée à l'audience du tribunal de première instance, siégeant alors place du ci-devant Châtelet, présidé par l'avocat *Oudart* (2); là un des juges *Morico*, nommé rapporteur, admit après un délai de 15 jours, et complaisamment, le sieur Brulé à l'*affirmation* sur la foi du *serment*, qu'il avait payé ledit réclamant sans quittance, au point que cette affaire est restée en instance jusqu'alors.

Mais bientôt la *majorité des Juges* revint sur cette erreur en voyant paraître une infinité d'autres réclamations en ce genre, au nombre desquelles celles des défenseurs mêmes du sieur Brulé furent admises pour leur propre cause de même que l'avocat *Fintabole*, ex-conventionnel, qui le premier obtint 1,200 francs, en vertu du jugement prononcé à ce sujet par les mêmes juges, et quantité d'autres personnes envers lesquelles mondit sieur Brulé fut également condamné aux frais et dépens, et à justifier de quittance les sommes qu'il prétendait avoir payées dans pareil cas ; ce qui a en partie suscité le délabrement de sa fortune, joint au différend qu'il a eu avec un *médecin* devenu son gendre malgré lui, et qui l'obligea de rendre compte de la dot de 30 mille francs de revenu, dont il était comptable envers sa fille, que ledit médecin avait épousée sans son consentement.

Enfin, M. Brulé obligé de renoncer à son entreprise, a ensuite vendu ses droits à M. Sollages, lequel devait se charger de faire exécuter le projet du canal de l'Ourcq, sans qu'il en coûtât rien au gouvernement. Il paraît en effet, d'après le rapport de M. *Gauthey*, inspecteur-général des ponts et chaussées, imprimé en 1803 et 1804, que M. *Sollages* a présenté ses plans au gouvernement; qu'ils ont été renvoyés à la vérification de l'administration; mais que les conditions de M. *Sollages* n'ont pas été acceptées.

Entreprise et confection définitive du canal de l'Ourcq.

Ce fut donc enfin le 29 *Floréal an X* (20 *Avril* 1801), qu'un arrêté du gouvernement *consulaire* ordonna que les travaux de ce *canal* seraient exécutés pour le compte de la ville de Paris, sous la direction des

---

(1) Le même qui devint ensuite secrétaire général du Conseil-d'état.
(2) Depuis *conseiller* en la Cour de cassation.

ingénieurs des ponts et chaussées ; l'on a pris pour bases le plan de l'ingénieur *Bruyère*, toujours fait d'après les anciens modèles de MM. *Riquet, de Caramand* et de *Monse*, ci-devant parlé, sinon quelques changements qui ont été faits pour la direction dudit canal.

Un impôt additionnel aux *octrois* des entrées de Paris a été établi pour subvenir aux dépenses de cette entreprise ; mais l'ouverture des travaux, commencés sous la surveillance du préfet *Frochot*, a suscité une contestation entre le *conseil* des ponts et chaussées et l'ingénieur *Girard* au sujet de leur direction et de la délivrance des bons de paiement.

M. *Gauthey*, inspecteur-général des ponts et chaussées, membre du conseil de cette administration et de la légion d'honneur, ancien ingénieur et directeur du Canal du Centre dit, dans un mémoire qu'il a publié en 1803, que les *règles de l'art* n'ont pas été suivies dans le commencement de cette entreprise, ainsi que l'administration générale l'avait *prescrit*, en suivant un plan tout autre de celui qu'elle avait adopté ; et que de la manière dont cette même entreprise a été commencée cela ne sera qu'un *canal-rigole*.

Observant en même temps qu'à l'égard des paiements de ces travaux, que l'ingénieur *Girard*, dit-il, qui a fait battre quelques pieux au port de *Cherbourg*, voulait se soustraire à toute *surveillance*, en séduisant ledit préfet, pour qu'il signât *bénignement* tous mandats et ordonnances sans examen préalablement fait. (*Voyez le 3ᵐᵉ cahier du 1ᵉʳ volume du Recueil Polytechnique de 1804, déposé à la bibliothèque du Roi*), où il est dit, page 110, *qu'il faut pour l'emploi des deniers publics une volonté publique ; et que tout emploi des deniers publics par une volonté particulière, est dilapidation.*

M. Girard a répondu à ce mémoire par deux autres qu'il a fait publier à ce sujet, dont voici le résumé :

« Je vais rappeler en peu de mots, dit M. Girard, les propositions fondamentales qui résultent de la discussion dont le rapport précédent est l'objet.

1°. Le canal de l'*Ourcq* diffère essentiellement de tous les canaux qui ont été exécutés jusqu'à présent ; parce qu'il remplira en même temps les fonctions d'un aqueduc et celles d'un canal de navigation.

2°. Envisagé sous le premier point de vue, le canal de l'*Ourcq* doit amener des eaux salubres dans la capitale, et pour être telles, leur vitesse ne peut être moindre de 35 centimètres par seconde.

3°. Considéré comme navigable, le canal de l'*Ourcq* doit conserver, sur toute sa longueur, une hauteur d'eau constante, sans le secours d'écluses ni d'aucun autre barrage.

4°. La plus grande quantité d'eau sur laquelle on puisse compter, pour alimenter ce canal, sera de 13,500 pouces, ou 240,820 hectolitres par 24 heures.

5°. La prise de la rivière d'*Ourcq* sera faite dans le bief supérieur du moulin de Mareuil, à 96 kilomètres de la barrière de Pantin.

6°. La pente totale de ce canal de dérivation, entre ses deux extrémités est de 10 mètres 14 centimètres.

7°. Cette pente ne sera point distribuée uniformément, mais suivant la loi représentée par le rapport des co-ordonnés de la courbe *funiculaire*.

« Je ne me suis point assujetti, dans le rapport que je viens de terminer, à suivre la marche synthétique des devis ordinaires. La rédaction du projet dont je me suis occupé, présentait, ou des questions nouvelles qui méritaient d'être traitées avec soin, ou d'anciennes questions qui, jusqu'ici, n'ont été résolues qu'incomplètement ; voilà pourquoi j'ai développé avec quelque étendue l'analyse à l'aide de laquelle je crois en avoir obtenu la solution.

Enfin, convaincu que les progrès de l'architecture hydraulique sont essentiellement liés à ceux des sciences physiques, et que celle-là ne doit point rester *stationnaire*, lorsqu'un mouvement rapide est imprimé à celles-ci, j'ai pensé que la haute importance du travail qui m'est confié, les avantages long-temps désirés que la capitale en attend ; en un mot, que l'intérêt protecteur qu'y attache le chef de l'État, m'imposaient l'obligation de donner à ce travail toute la perfection dont il m'a paru susceptible, et ne me permettaient pas, quelques préjugés que j'eusse à combattre, de négliger de faire, pour y parvenir, une application utile des découvertes dues aux géomètres et aux physiciens français, dont les travaux ont honoré la patrie, et illustré ces derniers temps. » *Ainsi termine M. Girard, arrivé d'Égypte en* 1799.

M. *Hogneau*, inspecteur divisionnaire des ponts et chaussées, ci-devant à Turin, a été nommé, en Juin 1817, à la direction du canal de l'*Ourcq*. M. *Coic*, ci-devant ingénieur en chef à Savone, a été aussi nommé, à cette même époque, ingénieur en chef pour la continuation des travaux de ce même canal.

EXTRAIT des rapports divers sur le canal de l'Ourcq.

Le 12 Juillet 1814, M. l'abbé de *Montesquieu*, ministre d'état alors, dit, dans son rapport, que le canal de l'Ourcq a été entrepris sur un plan trop dispendieux.

M. *Marchand* dit aussi, page 219, dans son conducteur parisien, que les *conduits souterrains* qui doivent servir dans Paris, auront environ 14,700 toises, et que cela n'est pas un trait de *magnificence* dans une entreprise dont les dépenses doivent s'élever à 38,000,000.

Le 9 Février 1820, une commission composée de MM. *Chaptal, Duméril, Dubois, Richeraud, Albert*, membres de la Faculté de Médecine, MM. *Tarbes de Vauxclaire*, et de *Bérigni*, membres du Conseil des ponts et chaussées, après plusieurs conférences et une reconnaissance de la localité de l'emplacement que doit parcourir ledit canal, de la barrière de la Villette, St.-Martin, aux fossés de l'ancienne Bastille, et Arsenal de Paris : cette commission, dis-je, a été d'accord, à la majorité de sept voix contre deux, que le nouveau projet du canal de St.-Martin, soumis à son examen, passant dans les marais situés au *midi* de l'*hôpital* St.-Louis, ne pouvait être exécuté sans danger pour la salubrité publique du quartier septentrional de Paris. (*L'examen réitéré en décembre suivant, comme partie la plus essentielle à faire.*) C'est sans doute *d'après ce rapport que la direction de cette partie de canal a été* définitivement fixée pour passer du côté opposé.

Observations des Éditeurs sur ce même Canal, et sur celui souterrain.

La VÉRITÉ est que le canal de l'Ourcq a d'abord été formé sur une simple largeur de neuf pieds dans le fond réduit au-dessus de la *Villette*; et qu'en 1803, nous étant rendus sur les lieux, nous avons remarqué que des parties avaient été fouillés 18 pouces trop bas, et qu'on a été obligé de rapporter des terres pour en redresser le nivellement; chose qui nous a paru extraordinaire (1).

D'une autre part, depuis 1820 la compagnie, à qui le gouvernement a cédé cette entreprise, ayant sans doute été convaincue d'une partie des observations faites par M. *Gauthey*, a résolu de faire élargir ce même canal. Ce qui est déjà confectionné au-dessus de la *Villette*. La même compagnie a depuis fait continuer les travaux dans la plaine de St.-Denis, terminés en 1821 ; époque où cette partie du canal a été alimentée seulement par les eaux de deux petites Rivières dites *Beuvronne* et *Souilly* (2). Enfin, l'ensemble du canal de l'*Ourcq* parcourt une longueur de 96 mille mètres d'étendue, ou 24 lieues de terrain.

Mais quant à l'égard des faubourgs Poissonnière, Montmartre, du Roule-St-Honoré, et tous les quartiers du *nord-ouest* de Paris, nous réitérons ce qui est consigné dans le Recueil polytechnique, que les *eaux* qui alimentent actuellement le canal souterrain établi de ce côté, auraient également pu alimenter un autre embranchement de *canal à découvert*, qui aurait été, et serait encore facile à former de ce même côté, de manière à établir également une *navigation* pour les *bateaux marchands* dans cette partie de la capitale, depuis la Villette jusqu'à la Seine, au bas de Chaillot et Champs-Elysées, ce qui aurait, non-seulement fructifié le commerce, mais aurait aussi coopéré à l'encouragement des architectes, entrepreneurs et propriétaires *constructeurs* des nouveaux quartiers St.-Lazare, Poissonnière (3), de la rue Rochefoucault, dit l'Athénée, et enfin des Colysées et de *François I*er, où l'on distingue le *pavillon* que le général *Brack* a fait bâtir par l'entrepreneur *Saignier*, avec des pierres provenant de la démolition d'un *pavillon* anciennement bâti par *François I*er, près *Fontainebleau*, d'où *elles ont été transportées* avec soin, sans altérer leur ancien attribut de *sculpture*, qui ont été conservées et restaurées, lequel fixe en ce moment l'attention des connaisseurs et amateurs des arts de constructions civiles.

Enfin, un canal de navigation étant ainsi établi dans toutes les parties du nord-ouest de cette ville capitale, avec des *bassins* pour *ports et gares* ; tel qu'il est figuré et coté au plan de Paris, réduit géométriquement et annexé au plan ; cela aurait encore coopéré à la diminution du nombre de voitures de roulage, qui encombrent maintenant la voie publique des différentes rues et places de cette même ville.

---

(1) Un autre fait est que, lorsque l'ingénieur Girard fut chargé de la direction du commencement de cette même entreprise, plusieurs furent appelés à faire des états appréciatifs des différents prix des travaux. Ayant complaisamment adhéré à cette demande, l'un fut aussi chargé de l'envoi de plusieurs ouvriers, que le célèbre ingénieur *Dumoustier* lui permit de disposer à ce sujet de ses ateliers du pont d'*Austerlitz*, pour faire les *tracements* de cette partie du *canal*. Là, étant sur les lieux, les prix qu'ils fixerent ayant paru effrayer l'ingénieur Girard, de manière qu'ils renvoyèrent ces mêmes ouvriers, auxquels ils payèrent 72 fr. qui n'ont jamais été remboursés.

Plusieurs autres entrepreneurs et ouvriers tâcherons, également embauchés à cette même époque pour les travaux dont il s'agit, les ont également abandonnés, voyant sans doute les prix trop inférieurs que cet ingénieur avait voulu fixer. Pénétré de cette vérité, il a été obligé d'acquiescer à ceux d'abord proposés; de manière que c'est un *jardinier* pépiniériste qui fut reçu alors l'entrepreneur de la première partie des *déblais* de ce même canal, sachant mieux satisfaire avec quelques *arbres* fleuristes, bien et dûment encaissés, sans faire usage du *niveau d'eau* pour leur *régularité*.

(2) Qui se réunissent à Clay; mais il est à craindre que les eaux trop précipitées dans des parties de terre nouvellement remuées ne suscitent quelques *pertuis*, comme il est déjà arrivé au bassin de la Villette.

(3) Où déjà MM. *Achille Leclaire*, architectes, et *Moisson Devaux*, propriétaires, ont fait établir plusieurs belles nouvelles rues, entre autres celle dite la *chaussée de Meaux*, de 60 pieds de large, sur une longueur de 800 toises, et celle *Chabrot* ; enfin celle dite des *Petits-Hôtels*, déjà garnie de bâtiments nouvellement construits.

Avantages que doit procurer l'exécution du Canal de l'Ourcq.

« Si jamais ce canal est exécuté, dit M. *Delalande*, il rendra la communication plus courte et plus
» aisée qu'elle ne l'est aujourd'hui sur la rivière de Marne ; les bateaux arriveront. presque sans con-
» tour, à Paris, au lieu que la Marne en fait plusieurs qui allongent le chemin presque de la moitié.
» Dans les basses eaux, la Marne, en plusieurs endroits, n'est point navigable, ce qui oblige les mar-
» chands et voituriers d'alléger leurs bateaux, et d'en faire souvent trois d'un seul ; au lieu que par le nou-
» veau canal, les *bateaux* arriveront à Paris en un seul jour, tirés par des chevaux de traits qui seront d'un
» 7/8me de moins que l'on emploie maintenant, sans avoir besoin de les alléger. Observant que le canal
» d'*Ourcq* réunirait des avantages immenses pour la ville de Paris, depuis l'Arsenal jusqu'à la Villette,
» passant par les *faubourgs du Temple*, *Popincourt*, et *Porte-St.-Antoine.* »

Ces canaux, toujours pleins d'une eau pure et coulante, remédieront aux inconvénients occasionés
par les *égouts*, qui portent aujourd'hui l'*infection* dans la capitale. Un grand nombre de *fontaines*, d'une utilité générale, peuvent être établies dans les divers quartiers de la ville, par la confection du canal de
l'*Ourcq*. Par ces moyens, on pourrait retrancher une partie des tombereaux qui enlèvent les boues de Paris,
qui coûtent des millions chaque année, et nettoyer les rues, deux ou trois fois par semaines, à l'eau et
aux balais. Dans le dégel, qui incommode beaucoup les habitants, au moyen du nouveau canal, les neiges
seraient entraînées par des eaux supérieures, rapides et abondantes, ainsi qu'il se pratique maintenant dans
plusieurs quartiers de la ville, par des nouvelles fontaines déjà établies depuis 1810.

On pourra également établir sur ce canal, dans l'intérieur de la ville, toutes sortes de *manufactures*,
bains, *abreuvoirs*, *lavoirs*, *chantiers*, *entrepôts* de commerce et *magasins*, d'après l'assurance qu'on a que les
eaux de l'*Ourcq* seront très bonnes à tout usage, et abondantes en toutes saisons.

Canal de Saint-Denis et de Saint-Martin.

Le canal *Saint-Denis* est un embranchement qui a été formé, partant de celui de l'Ourcq, à 300 toises
au-dessus du *bassin de la Villette* (1), et va tomber dans la Seine, au-dessous et près de St.-Denis, dont il
porte le *nom*, après avoir franchi plusieurs écluses et *4 ponts* qui ont été établies à ce sujet. Ce canal a
été alimenté provisoirement par les eaux de la petite rivière, dite la *Beuvronne*, qui passe à *Clay*, fini
en 1821, sur une longueur de 5 mille mètres environ (2). Il abrégera, par celui de *Saint-Martin*,
considérablement la navigation de Paris à la *Basse et Haute-Seine*, et autres rivières, comme l'*Oise*, la *Marne*,
l'*Yonne*, la *Loire*, et le *Rhône*, au moyen de divers *canaux du centre* de ce grand *état Européen*.

Par ce fait, la correspondance de la navigation commerciale du nord au midi de la France, pourra maintenant s'étendre jusqu'en *Hollande*, par le superbe CANAL DE ST.-QUENTIN, sur l'*Escaut*, qui a été terminé
par les Français, en 1810, et les soldats des armées étrangères, qu'ils avaient faits prisonniers.

Le service de cette même navigation pourra donc se faire sans être obligé de traverser une quantité de
ponts, et les *écueils* difficiles qu'ils rencontrent sur la Seine, et surtout comme l'endroit, dit le *Trou de la
morue*, espèce de gouffre, situé au-dessous d'Argenteuil, aussitôt que la partie du *canal de St.-Denis à
l'Oise* et à la *Seine*, par l'étang de *Montmorency* et le bourg de PIERRELAY, ci-devant cité, sera confectionné.

Enfin les *bateaux de charbon* sont quelquefois obligés de séjourner, dit M. *Delalande*, des années entières
près de *Charenton*, faute de port pour pouvoir se placer dans Paris, et le *canal* en tiendra lieu. On peut
donc maintenant assurer que les *fossés de l'ancien Arsenal* et de la *Bastille*, qui ont été conservés jusqu'à ce
jour, sont définitivement destinés à servir de *bassin* pour garer les bateaux en tous temps, comme nous
l'avons proposé en 1804, qui, par ce même fait, formeront entrepôt de toute espèce. C'est ainsi que ces
canaux feront de la partie du *nord-est* de Paris, une ville nouvelle pour le commerce.

(1) Bassin de 720 mètres de long sur 60 de large, entouré de deux belles avenues de verdure plantées de quatre rangées d'arbres,
où déjà plusieurs magasins et entrepôts sont établis, et qui augmentent en constructions de bâtisse journellement, au point que
bientôt cet endroit ne fera plus qu'un seul faubourg de ville avec la *Chapelle* et la *Villette*.

(2) Une brillante cérémonie, avec une grande quantité de bateaux pavoisés et richement décorés, eut lieu en mai de cette
même année, pour l'ouverture de la navigation de cette partie du Canal. Charles X, alors MONSIEUR, frère du Roi, y assista avec
tous les princes et princesses de la cour, accompagnés de toutes les autorités civiles et militaires. *Idem* des ingénieurs, où l'un des
éditeurs y étant avec M. F. *Dassier*, son épouse; ils distinguèrent M. *Prony*, élève et successeur du célèbre *Perronet*, et M. *Roussel*,
curé de la Villette, avec son clergé, qui y furent en procession faire la cérémonie d'usage, pour l'ouverture des premières
écluses; de manière que cette partie du canal a depuis cette époque procuré une navigation de la Basse-Seine et de l'Escaut
par le canal de Saint-Quentin et l'Oise; de manière que le *bassin* de la Villette, forme maintenant un des principaux ports et
entrepôts de commerce de Paris.

Note sur la direction définitive de la partie du Canal de l'Ourcq, dit Saint-Martin.

Depuis 1787, divers plans et projets ont été présentés pour la fixation de la localité de cette partie de canal. Plusieurs examens et rapports ont été faits par les diverses commissions, nommées à ce sujet.

Le 9 février 1820, une commission fit un rapport sur l'un de ces projets, qui était de faire passer ledit canal à l'*est* de l'hôpital St.-Louis, et l'autre à l'*ouest*; puis un troisième, qui avait paru convenir, était de suivre une direction, de manière à ne faire qu'un seul *coude* du bassin de la *Villette* jusqu'au *fossé* de l'ancien Arsenal, dit de la Bastille, Porte-St.-Antoine, avec *trois bassins*.

Ce coude ou retour dudit canal, devait être formé proche la rue des *Amandiers*, en descendant ledit canal à droite, et non à gauche, ainsi que le tout est *figuré et coté* au plan de Paris réduit géométriquement, dont il a été ci-devant annoncé.

Enfin cette partie du *canal, dit St.-Martin*, sera définitivement en ligne droite, depuis le bassin de la *Villette* jusqu'au point de rencontre de la partie basse de la *rue des Récollets*, où ledit canal déjà confectionné, avait ses *écluses* d'une vaste largeur.

Là, 1° ledit *canal* fera un *cercle* en tournant à gauche, et passant par le carrefour de ladite rue des Récollets, à celle dite Grange-aux-Belles; puis de là, cette partie de canal se continuera en ligne directe jusqu'à la rue du faubourg du Temple, vis-à-vis la direction de celle dite de *Malte*, près celle *Gilbert*, après avoir traversé celle dite *St.-Ange*, proche laquelle un *bassin et place d'entrepôt* doivent être établis, où déjà quantité de *bâtiments* particuliers s'y sont confectionnés en 1825 (1).

2° Là un faible retour, *cercle* à droite, continuera la direction dudit canal en ligne directe jusqu'à la rue *St. Sébastien*, à l'emplacement où est située la maison du paveur-entrepreneur *Chitel*, qui a été acquise et supprimée pour cet objet, au-dessous duquel doit venir aboutir l'avenue des *abattoirs* de Menilmontant.

Là un troisième *tournant* en cercle à droite, sera aussi formé, pour de là se continuer en ligne directe jusqu'au grand bassin, dit des anciens fossés de l'*Arsenal*, place de la ci-devant *Bastille*, et *Porte-S.-Antoine*, passant sous la longue *arche*, nouvellement établie à cet endroit, disposée pour le service de la navigation dudit canal, et à former une vaste *place* de commerce, avec la *fontaine*, dite de l'*Eléphant*; un égout a été formé au long dudit fossé, côté de l'ancien arsenal, au-dessus duquel est établi un chemin d'*alloge*. Enfin arrivé dans la *Seine*, vis-à-vis le Jardin des Plantes, là seront établis deux *bassins éclusiers* pour entrée et sortie des bateaux marchands de la Haute et Basse-Seine, et autres rivières qui viennent rejoindre ce fleuve; l'un, au-dessous du pont dit d'*Austerlitz*, déjà confectionné; et l'autre, par un embranchement de canal, qui conduira au-dessus dudit *pont*, passant sous ceux dits allages, autrement pont *éclusier*.

Enfin, les dépenses de la confection du *canal de l'Ourcq* ayant été, dans un premier aperçu, évaluées à 20 millions, et déjà plus de 28 ont été comptés à ce sujet; ce qui prouve que les plus habiles calculateurs ne peuvent apprécier au juste un devis estimatif pour de pareilles entreprises, et c'est par erreur que les journaux ont annoncé, à Paris, l'arrivée des eaux de l'*Ourcq* en janvier 1825.

Canal de Saint-Maur, près Paris.

En 1784, M. Frère de *Montizon*, ingénieur et l'un des administrateurs de la municipalité de la ville de Paris en 1789, présenta plusieurs mémoires et plans à S. Exc. le ministre d'état contrôleur général des finances, où mondit Sieur de Montizon détaille les avantages de l'entreprise du canal de *St.-Maur*, sur Marne, près Paris, et les moyens de sa confection, lesquels mémoires furent envoyés à M. Chaumond de la *Milière*, maître des requêtes, et intendant des ponts et chaussées, des hôpitaux et des prisons du royaume. MM. *Perronet*, premier ingénieur de France, *Chezy*, son adjoint, et d'*Hauteclaire*, commissaire du conseil, furent consultés à ce sujet, et prononcèrent en faveur de l'entreprise dudit canal.

En 1788, M. de Montizon s'associa à l'entrepreneur *Houard*, qui ont renouvelé la même entreprise dudit canal de *St.-Maur à Gravelle-sur-Marne*, au-dessus de Charenton, près Paris; un mémoire fut soumis à ce sujet, à l'administration des ponts et chaussées, et communiqué à M. *Hébert d'Hauteclaire*, trésorier de France, déjà cité, homme estimable et plein de connaissance dans cette partie, l'un des intimes du célèbre *Perronet*, qui fit un rapport sur les avantages de l'exécution de ce même canal.

Le 28 juin 1791, l'associé de M. *de Montizon*, ci-devant nommé, soumit le plan de ce même canal à l'assemblée du *Point central des Arts et Métiers*, qui tenoit ses séances alors rue de l'Odéon et qui, l'ayant pris en considération, nomma MM. *Bonneville*, homme de lettres, et *Régnier*, ingénieur, puis lieutenant-général des armées françaises, tous deux commissaires, pour en faire un rapport et le présenter à l'*Assemblée nationale constituante*, où ils furent admis aux honneurs de la séance, avec renvoi au comité d'*Agriculture et de Commerce* de ladite assemblée: mais les événements survenus par suite de la révolution depuis cette dernière époque, ont suspendu toutes les dispositions de cette utile entreprise.

(1) Un objet de la plus haute importance serait le *tracement* de plusieurs *nouvelles rues* à faire de *suite*, du *nord* au *midi*, côté de l'*est* de ce quartier.

En 1809 , après les orages révolutionnaires , ce projet fut de nouveau présenté : son utilité et ses avantages reconnus firent que les ingénieurs furent aussitôt nommés pour en faire l'examen , devis et plans des travaux ; et bientôt un *décret du gouvernement* en ordonna la confection aux frais du trésor public , sous la direction de l'administration des ponts et chaussées.

M. *Bequèt de Beaupré* , ingénieur en chef de ce corps , qui a succédé au célèbre *Demoustier* , a été chargé de la direction des travaux , qui ont été poussés avec rapidité par les soins de MM. *Emmery* , ingénieur , et *Lecluze* , entrepreneur , jusqu'au mois de novembre 1812 , époque où ces travaux ont été poussés avec lenteur , par l'effet des trop grandes guerres entreprises en ce temps-là.

Enfin le *canal de St.-Maur* sur Marne , près Paris , presque terminé en 1824 , sinon quelques petits accessoires , qui sont de très peu d'importance à finir , de manière qu'il sera sans doute livré dans le courant de 1825 au service de la *navigation* , sinon que les divers *établissements* des *moulins* et *usines* qui doivent s'y établir , seront un peu retardés dans leur confection , en raison d'une *difficulté* qui vient de s'élever entre *deux compagnies* qui ont acquis les terrains de ses environs , disposés à cet effet , vue que l'une de ces *compagnies* prétend avoir acquis les *eaux* qui excéderont pour le service des *écluses* dudit *canal* , en disposer pour le service de divers établissements particuliers qu'on se propose de faire à cet endroit.

Cependant nous étant rendus sur les lieux , le 2 mars 1825 , à l'heure de midi il nous a été assuré qu'une *conciliation d'arbitrage* était à la veille de terminer *cette difficulté* , et que les *autorités* de la haute administration se disposaient à *concilier* toutes les contestations qui se sont élevées à ce sujet , de manière à ce que les travaux nécessaires à faire pour la confection de tous ces établissements d'utilité publique , ne puissent dorénavant éprouver le moindre retard dans leur exécution.

Déjà l'une desdites *compagnies* vient de commencer les *déblais* et remblais , pour établir un *canal de réservoir* de ces mêmes eaux , qui excéderont celles utiles au service de la navigation , afin qu'il puisse aller rejoindre la rivière de *Marne* , au bas de *Charenton-St.-Maurice* , le tout disposé à recevoir les constructions diverses propres aux établissements d'*usines* , *magasins* et *entrepôts de commerce* , ci-devant parlé *position au midi* , vraiment agréable , champêtre et pittoresque , où déjà plusieurs bâtisses et constructions particulières d'habitations y sont nouvellement établies , et d'autres commencées.

Avantages du Canal de Saint-Maur , près Paris.

Ce canal , percé dans un *rocher* de plus de 600 toises , ou 1170 mètres de longueur , avec un chemin d'allage de 2 mètres de *large* sous voûte , taillé dans un *roc* couvert , est un *chef-d'œuvre* d'architecture dans ce genre de *travail* , qui mérite d'être vu des connaisseurs et amateurs des *objets d'utilité publique*.

La confection de ce canal , dont le trajet n'est que de 750 toises , ou 1400 mètres , abrégera la navigation de près de 4 lieues , et les bateaux n'éprouveront plus les obstacles qui arrivent tous les ans par les rochers qui se trouvent au fond de l'eau dans cette partie de la rivière de *Marne* , qui occasionoit ordinairement trois à quatre jours de retard , même des mois entiers , pour monter et descendre les bateaux pendant les *basses eaux*.

Le *canal de St.-Maur* procurera , entre autres avantages , celui de pouvoir y garer les bateaux de toutes sortes de marchandises , objets désirés , et qui manquent à Paris depuis des siècles.

Un autre avantage est que le canal de *St.-Maur* procurerait les moyens de pouvoir établir plusieurs *moulins* et *usines* propres à différents états et objets de commerce , par l'abondance des eaux forcées à volonté , et en tout temps , que ce canal pourra produire par sa pente extraordinaire , au moyen des écluses qui viennent d'y être établies , comme il est ci-dessus annoncé.

Enfin ce nouveau canal , avec celui de l'*Ourcq* , produiront en outre plusieurs *promenades agréables* , d'été et d'hiver , pour les habitants de Paris , et voyageurs que les *affaires* ou diverses occasions pourraient conduire dans ces lieux enchanteurs et agréables , ou chacun pourra concevoir de nouvelles idées nécessaires à la formation de tout autre établissement de ce genre , propre à la prospérité du commerce de leurs départements respectifs.

Canal de l'Eure , ou AQUEDUC *de Maintenon.*

En 1807 les Éditeurs du *Recueil polytechnique* ont publié une description des *travaux* qui ont été exécutés à ce sujet sous *Louis XIV* , estimés à plus de 22 millions en dépense déjà faite , suivant les plans des célèbres *Vauban* et *La Hire* , où ils représentent les avantages qu'il résulterait de la confection de cette grande entreprise , pour conduire ces *eaux* à Paris par Versailles , Meudon et Montrouge , comme élevés à 212 pieds ou 70 *mètres* plus haut que l'*Estrapade*.

PARIS. — IMPRIMERIE D'HIPPOLYTE TILLIARD ,

RUE DE LA HARPE , N° 78.

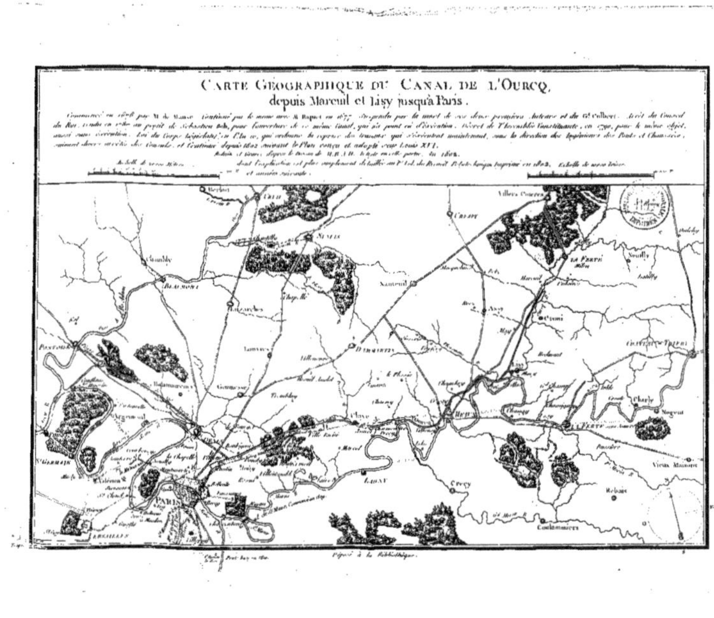

CARTE GÉOGRAPHIQUE DU CANAL DE L'OURCQ,
depuis Mareuil et Lisy jusqu'à Paris.

PLAN ET DESCRIPTION
DE LA SCIE MÉCANIQUE,

Ou Machine pour couper, autrement recéper les Pieux destinés à établir les Pilotis au fond de l'eau, sans batardeaux ni épuisemens, nécessaire à la construction des Ports maritimes, des Quais, des Ponts et Chaussées, des Desséchemens des Marais, des Canaux de navigation; NOUVEAU PROCÉDÉ *employé avec succès au commencement du dix-neuvième siècle, lequel a économisé plus d'un tiers dans les dépenses, objet qui mérite d'être connu et propagé pour l'intérêt général de la société, laquelle Machine a été depuis très-simplifiée, d'après le célèbre* PERRONET, *premier Ingénieur de France,* VOGLIO, DEMOUSTIER *et de* CESSART, *ses collaborateurs;*

Suivis du Plan et Description d'un des nouveaux Ponts construits à Paris au moyen de cette même Machine, qui démontre la réalité des faits ci-dessus énoncés, avec OBSERVATIONS *sur les abus qui résultent des économies mal entendues dans de pareilles entreprises.*

PAR M. B. A. H. *Devert*, Architecte.

LES travaux hydrauliques, dit M. *Patte*, architecte (1), sont ceux de l'architecture les plus difficiles, et ceux où il se rencontre ordinairement les plus grands obstacles dans leur exécution.

Une machine, ou scie mécanique, a donc été conçue et adoptée pour cet objet.

Suivant les divers rapports, M. *Labelye*, ingénieur italien, à Londres, chercha à découvrir, en 1738, ce nouveau procédé pour la construction du pont Wesminster sur la *Tamise*; en 1756, M. de *St-André*, ingénieur Français, fit aussi plusieurs essais en ce genre, pour l'exécution du pont de Charzey, sur *l'Ain*, qui est une espèce de torrent.

M. *Regemorte*, célèbre architecte, a aussi fait plusieurs essais pour de semblables opérations à la construction du pont de Moulins sur *l'Allier*, qui a manqué plusieurs fois.

M. E. *Blondel*, aussi célèbre architecte, a également fait plusieurs expériences dans de pareils travaux pour le rétablissement du pont de Saintes, sur la *Charente*, construit par les Romains, où il existe encore beaucoup d'antiquités, et entr'autres un arc de triomphe sur ledit pont. M. *Guyot de Reverseau*, alors intendant de cet endroit en 1786, avait adopté un plan pour la construction d'un nouveau pont, à 100 toises au-dessous de l'ancien.

En 1760, MM. *Perronet*, *Voglio* et *de Cessart*, tous ingénieurs français, firent établir une scie mécanique pour couper et recéper les pieux battus au mouton, destinés à servir au pilotis du pont de Saumur, sur la *Loire*, par le sieur *Jean Gamori*, dit *l'Angoumois*, habile serrurier-mécanicien dans cette ville, qui, ayant parfaitement saisi l'ensemble du plan, obtint tous les succès qu'on avait espoir d'attendre;

---

(1) Le même qui a fait le *Mémoire* sur les principaux monumens d'architecture, en 1769, où il a fait les observations sur la prédestinée de l'affaissement qui s'est depuis manifesté au *Panthéon français*, ou nouvelle église de Sainte-Geneviève de Paris, bâtie sous Louis XV et Louis XVI, et que le Gouvernement a fait consolider depuis 1804.

1

cet artiste est décédé pendant qu'on délibérait sur les moyens d'aviser à sa récompense.

Cette nouvelle machine fut donc employée, non-seulement pour l'exécution des travaux du pont de Saumur et de celui de Tours sur la *Loire*, ce dernier par l'ingénieur *Cadet de Limais*, suivant le plan de M. *Perronet*. sous le ministre *Trudaine*, mais encore à la construction *du mur du quai de la ville de Rouen sur* la Seine, *à l'écluse de chasse du port de Dieppe et de celle du Tréport*, etc., etc.

Depuis cette époque, différens travaux de ce même genre ont été entrepris dans l'intérieur de la France, au commencement du XIXe siècle, entr'autres les ponts des *Arts*, de la *Cité*, du *Jardin du Roi* dit le pont d'*Austerlitz*, du *Champ-de-Mars*, dit d'*Jena* puis des *Invalides*, de *Choisy*, de *Bezon* et *Sèvres*, sur la Seine, à Paris et aux environs; les trois premiers commencés en 1802, sous la direction de M. *Demoustier*, ingénieur en chef, auquel ont succédé MM. *Dillon*, *Becquet de Beaupré*, *Duvivier* et *Lamandé* fils. Ce dernier a dirigé en entier la construction du pont du *Champ-de-Mars*; et l'entrepreneur *Galand*, de Poitiers, en a terminé les travaux avec *Ginoux*, nommé au pont de *Rouen*, sous les ingénieurs *Lemasson* et *Lamandé*, où ladite scie mécanique a également opéré avec succès pour le recépage de pilotis du nouveau pont, commencé en cette même ville, vis-à-vis la *première île* qui est à 200 toises ou environ au-dessus du pont de bateaux déjà existant à cet endroit, et qui doit, dit-on, être tranféré à l'autre extrémité au-dessous du *port du Hâvre*. Ladite scie a également opéré à la belle *écluse du Pont-de-l'Arche*, sous les ingénieurs *Lacaille* et *Dehotte*, *Verdie* et *Lebrun*, d'*Orléans*, architectes entrepreneurs; *idem* à Bordeaux, en 1812 et années suivantes, sous les ingénieurs *Vauvillers* et *Deschamps*, au pont *extraordinaire* commencé en cette dernière ville (1); à celui d'*Amboise*, commencé sur la *Loire*, la même année, sous l'ingénieur *Dubrac*. Enfin cette scie mécanique qui a été, depuis 1804, considérablement simplifiée par sa perfection à laquelle tous les ingénieurs et entrepreneurs ci-dessus cités ont contribué, est maintenant reconnue si utile, qu'elle a été employée dans beaucoup d'autres endroits dont le detail serait trop long pour être cité dans cette feuille.

Avantages des opérations de la Scie mécanique.

Les principaux avantages de cette machine sont tels, que les pieux peuvent être recépés dans l'eau, à la profondeur qu'on juge nécessaire, et d'un parfait niveau; que la force de quatre hommes au plus, et un cinquième nommé *maître* ouvrier, est suffisante pour faire mouvoir la scie avec liberté, et aussi aisément qu'une scie ordinaire; et qu'enfin toutes les parties de cette machine sont assez solides pour ne point éprouver de ruptures fréquentes et préjudiciables à l'avancement des travaux.

Les objets les plus difficiles à vaincre sont, 1°, que la tête des pieux peut être cachée sous l'eau, huit, dix ou quinze pieds plus ou moins, au moyen d'un *chasse-pieux* qui les conduit, au refus du mouton, dans un terrain solide; 2°, que cette scie, pour opérer sûrement, doit être si bien attachée à chaque pieu pendant sa manœuvre, qu'elle n'en puisse jamais être séparée par le mouvement du sciage; 3°, qu'il faut

---

(1) Dont le Gouvernement a fait la cession (en mars 1818) à une compagnie qui se charge de terminer dans quatre années la confection de ces travaux, moyennant un droit de péage pendant 99 années, conformément à une loi particulière, proposée à la Chambre des Députés et à celle des Pairs, qui a été adoptée et sanctionnée par le Roi Louis XVIII, et publiée le même mois. C'est M. *Deschamps*, inspecteur divisionnaire des ponts et chaussées, déjà cité, qui avait précédemment donné le plan à M. *Aubertot*, directeur des Forges de Vierzon, pour disposer les ferremens destinés à former le cintre de ce même pont, aussi utile que désiré depuis plusieurs siècles. Mais, d'après un nouvel examen et décision du Gouvernement, il a été décidé en 1819 que, définitivement ledit pont serait entièrement construit en pierre.

Enfin les culées et les piles ayant été terminées ainsi en 1820, de manière que la *clef* du cintre de la dernière arche a été posée en juin 1821, ce qui donne l'espoir que ce beau et utile monument extraordinaire ainsi terminé, va faire concevoir sans doute plusieurs autres plans d'établissemens commerciaux de ce côté de la ville, ce qui contribuera à fructifier le commerce du département de la Gironde, et des autres qui l'environnent.

(3)

savoir faire engrener uniformément les dents de la scie, autant et si peu qu'on le jugera à propos, selon la dureté du bois et le diamètre des pieux, et même la faire rétrograder après le recépage du pieu, ou lorsqu'elle rencontre des obstacles à son avancement; 4°, qu'enfin, en cas d'accident, ou que la *feuille* de la scie vienne à casser, toute la machine puisse être relevée à l'effleurement de l'eau, avec facilité, pour y remédier par une scie d'échange préparée à cet effet.

Cette machine est composée d'un grand châssis de fer horizontal, côté A, qui doit porter la scie B. Ce châssis a huit pieds de longueur, et cinq à six pouces de largueur, son épaisseur est d'un pouce : il est composé de traverses qui supportent solidement ces diverses parties. Sur ces traverses sont quatre *plaques* de tôle aux endroits marqués o, o, qui facilitent son jeu. Ce châssis est soutenu de niveau à l'apontement supérieur, par quatre *montans* en fer CC, partie par des crics. Au milieu et en avant du châssis A, est une traverse de fer, qu'on peut nommer *pieu de garde*, côté D, saillante d'un pouce au-delà des dents de la scie en son repos, et destinée à lui servir de défense à la rencontre des pieux qu'on voudra scier.

Dans le milieu de cette avance du châssis servant de pièce de garde, et à quatre pouces de distance l'un de l'autre, sont placés deux autres montans, cotés EE, qui traversent dans ces *canons* de cuivre le plafond en entier, ainsi que l'assemblage supérieur de charpente indiqué par les lettres a a. Ces montans E E ont un collet avec une base qui porte sur le châssis A, près de la pièce de garde; et leur extrémité inférieure est carrée, pour recevoir par assemblage deux espèces de demi-cercles FF, ou grapins de dix pouces de longueur, fixés solidement à leurs bouts par des écrous. Le haut est ajusté également comme le bas, pour recevoir deux clefs de quatre pieds de longueur, cotées bb, qui en faisant tourner les deux montans E E sur leur axe, facilitent d'ouvrir et de fermer les grapins F, pour saisir le pieu G qu'on veut scier, avec une force proportionnée à la longueur des deux clefs du haut *b b*, que l'on serre par une vis de rappel pendant le sciage.

A douze pieds au-dessus du châssis A, fig. 1, 2, est un assemblage de charpente, fig. *aa*, sur lequel doit se faire la manœuvre de la scie, auquel il est suspendu par quatre montans de fer, côtés C, qui ont jusqu'à dix-huit pieds de hauteur, portant chacun un petit cric F dans le haut pour l'élever ou l'abaisser suivant le besoin; lesquels montans ont des dents dans leur longueur, qui sont divisées de manière qu'on peut relever ou baisser la scie au degré qui convient à l'opération.

Ce châssis de charpente A, de la machine, est porté sur des cylindres CC, qui roulent sur un autre grand châssis 3, traversant toute la largeur de l'emplacement du pilotis que l'on destine pour asseoir l'*édifice* ou *pilier* qu'on a intention de construire au fond de l'*eau*, sans batardeaux ni épuisement d'un côté à l'autre du grand échafaud d'enceinte *gg*, lequel châssis A est soutenu lui-même sur des rouleaux CC, pour le faire avancer à mesure qu'on veut scier les pieux.

Manière dont opère la machine à recéper les pieux au fond de l'eau.

On doit distinguer dans cette machine, dit **M.** *Patte*, deux mouvemens principaux indiqués par la lettre L, cotés au plan : le premier que nous appelons *latéral*, est celui du sciage; le second, qui se porte en avant à mesure que le bois se coupe, et peut néanmoins revenir sur lui-même, est celui de *chasse* et de *rappel*.

Le mouvement latéral s'exécute par deux leviers de fer, côtés HH, un peu coudés sur leur longueur, soutenant, à l'une des deux extrémités I, un demi-cercle de fer recourbé K, auquel est adaptée, par retour d'équerre, la scie horizontale B, qui est fixée avec des vis pour pouvoir la changer. Les points d'appui de ce levier sont deux pivots LL, reliés par une double entre-toise, et distans l'un de l'autre de vingt pouces, lesquels ont leurs extrémités inférieures concentrées dans une rainure

M, ou coulisse, qui facilite le mouvement de chasse et de rappel, ainsi que nous l'expliquerons ci-après. Ils sont soutenus au-dessus du châssis de fer par une base *N*, fig. 2, de deux pouces de hauteur, et déchargés à leur extrémité par quatre rouleaux de cuivre *o*, *o*, *o*, portant sur autant de plaques.

Ces leviers HH sont mus dessus l'échafaud supérieur *aa*, par quatre hommes *hh*, appliqués à des bras de force II, attachés à des leviers inclinés k, dont le bas est arrêté sur le châssis de fer A, au milieu desquels est fixée la base du triangle équilatéral P, dont le sommet est aussi fixé au milieu d'une traverse horizontale Q.

Cette traverse Q, qui embrasse les extrémités des bras de leviers de la scie, s'embrasse dans une coulisse de fer R, entaillée dans le châssis A, ou portant sur des rouleaux ; elle va et vient, et procure ainsi à la scie le mouvement latéral ponctué SSS. Au moyen des ouvertures T, pratiquées à l'autre extrémité desdits bras de *leviers*, qui leur permettent de s'allonger et de se raccourcir alternativement, suivant leur distance du centre de mouvement L, ces ouvertures ovales T embrassent des pivots V, fixés sur le demi-cercle KK de la scie, et portent dans le haut, au milieu de plusieurs rondeurs de cuivre intermédiaires, les extrémités du second demi-cercle X, inhérent par des renvois Y, et des tourillons roulans Z, Z, Z, placés au milieu d'une grande coulisse *l*, *l*, qui reçoit le mouvement de chasse et rappel.

Le second mouvement consiste dans l'effet d'un grand cric horizontal *m*, *m*, placé à peu près aux deux tiers du plateau dont les deux branches sont solidement attachées sous les coulisses M, M, dont il a été question plus haut : c'est par le moyen de deux branches de ce cric, qui s'engrènent dans deux roues dentelées, côtés *n* et *o*, que la scie B, lors de son mouvement latéral S, S, conserve son parallélisme avec la coulisse *l*, *l* ; presse par un mouvement lent et uniforme, le pieu G, à mesure qu'elle le scie, et revient dans sa place par un mouvement contraire lorsqu'elle l'a scié. Tout le mouvement de ce cric côté *m*, *m*, s'opère de dessus de l'échafaud supérieur, par un levier horizontal P, qui s'emboîte carrément dans l'extrémité d'un arbre *q*, *q*, placé au centre de la roue *o*, de communauté du cric, qui est véritablement le *régulateur* de toute la machine. Pour empêcer le *maître-ouvrier qui tient le régulateur, de se tromper*, il y a sur l'échafaud supérieur coté *a*, *a*, un cercle w, semblable à celui qui parcourt le bout du *régulateur* pendant l'opération du sciage, de chaque *pieu*. Le rapport entre le cric et le cercle est tel, qu'un tour entier de *régulateur* non-seulement correspond à un tour entier du cercle, mais encore est capable d'opérer le sciage d'un pieu de dix-huit pouces de grosseur, qui est la plus considérable qu'on ait coutume d'employer.

Nous avons oublié de dire que, lors du mouvement de chasse et de rappel, le bout de la coulisse *l*, qui est soutenu par une petite saillie, se meut dans une rainure pratiquée le long du corps *t*, *t*, à l'aide d'un tourbillon coté S.

Relativement à la description de cette machine, il est aisé de concevoir comment on scie les pieux. La principale difficulté de sa manœuvre consiste à descendre à la même profondeur sur les pieux, pour les couper bien de niveau l'un après l'autre. Le succès de cette opération dépend de la précision de nivellement de l'échafaudage dont nous avons parlé ci devant, attendu que la machine ne pouvant se raccourcir ni s'allonger par rapport aux montans CC, armés de petits crics *f*, *f*, qui l'assujétissent au plancher *a*, auquel elle est adaptée, elle suivra nécessairement dans le bas un plan parallèle à celui d'en haut.

Ainsi donc, pour faire usage de cette scie, on prépare un échafaud mobile *aa*, destiné à porter la machine bien de niveau dans toute l'étendue de la pile. Cela posé, lorsqu'on veut scier le premier pieu, on descend le chassis de fer *A*, qui porte la scie *B* à la profondeur que l'on juge convenable ; on fait avancer l'échafaud mobile jusqu'à ce que la pièce de garde *D*, où le devant du châssis *A*, rencontre le pieu en

(5)

question ; alors on saisit ce pieu par les grapins *FF*, à l'aide de deux bras *b, b*, au-dessus de l'échafaud, et on le sert par la vis de rappel, ensuite le *maître-ouvrier* prend la conduite du *régulateur* coté *q* du grand cric *mm*, et fait avancer la scie qui était retirée sous la pièce de garde ; et enfin *quatre ouvriers* côtés *h* (1) la font jouer. Pendant toute cette opération, le *maître-ouvrier* gouverne le cric de manière à faire avancer la scie convenablement, afin que ses dents, mordant à proportion, en parcourant le cercle w dont le tour, comme il a été dit ci-devant, puisse opérer le sciage entier d'un pieu ; il juge de dessus l'échafaud de l'action de la scie, par l'endroit du cercle où il se trouve, il apprécie s'il est à la moitié du sciage ou à la fin, et en conséquence la modère, ou il accélère le mouvement des ouvriers.

Lorsqu'un pieu est scié, on desserre les deux bras du grapin ; puis le maître-ouvrier, par un mouvement de rappel, retire la scie sous la pièce de garde ; et enfin on fait rouler la machine vers un autre pieu, pour opérer également son sciage.

Comme on s'est aperçu que le balancement du sciage faisait vaciller les grapins autour des pieux, surtout lorsqu'on voulait les recéper à une grande profondeur, pour y remédier, on fit des vanages composés de voliges ou planches légères, unies l'une à l'autre avec de grandes ficelles : ces vanages furent attachés à droite et à gauche de la machine, suivant sa longueur, dans toute la hauteur des montants *c, c,* avec des cordes N, N, qui représentent leur disposition. Voulait-on relever le châssis de fer, on déliait à mesure les cordes des extrémités de ces voliges attachées aux dents des montants ; alors ces planches se reployaient successivement. Voulait-on au contraire redescendre le châssis, on rattachait l'un après l'autre ces voliges au montant, jusqu'en haut : ce moyen a parfaitement réussi pour empêcher l'effet du balancement.

On a éprouvé au pont de Saumur que cette scie pouvait scier vingt pieux de fondations en un jour, par rapport aux sujétions de niveau, et quarante d'enveloppe, qui n'exigent aucune sujétion pour le niveau : le sciage de chaque pieu s'opérait ordinairement en *trois minutes* ; et la différence de niveau, du plus haut au plus bas des pieux sciés, n'a jamais été de *trois lignes :* elle manœuvrait avait une telle précision, qu'on a repris après coup des pilots coupés à quatre lignes trop haut ; et la scie enlevait facilement cette cale de quatre lignes d'épaisseur.

Huit hommes suffisent pour tout le jeu de cette machine : quatre font le service des échafauds, et les quatre autres font sans peine mouvoir la scie, les pieux ayant depuis douze jusqu'à 15 pouces de diamètre. Les ouvriers faisaient communément un pouce de sciage par minute ; mais on a observé qu'en travaillant avec un peu de vitesse, ils doublaient sans peine le travail, et que la coupe des pieux en était plus égale, plus belle, et moins sujette à se gauchir ; parce que, par ce mouvement lent, la moindre inégalité dans le bois, ou le plus petit dérangement dans les manœuvres, peuvent occasionner un faux engrènement qui ne saurait être surmonté que par une vitesse uniforme.

Enfin, l'usage en France de cette même machine, à peine connue, est resté presqu'en oubli depuis 1770, époque où elle avait commencé à avoir un plein succès ; Mais depuis 1800, le Gouvernement s'est continuellement occupé à veiller à sa perfection définitive, et en a fait usage dans presque tous les travaux hydrauliques qu'il a fait commencer, et en partie exécuter dans divers départemens de l'intérieur de la France, ainsi, qu'il est ci-devant dit, avec beaucoup de changemens simplifiés et perfectionnés, qui ont parfaitement réussi, d'après les examens faits à ce sujet par les successeurs et les collaborateurs de M. Perronet, premier ingénieur de France (2).

(1) Figurés au plan particulier que nous nous disposons à faire graver pour être joint à cet ouvrage.
(2) M. Belidor dit, dans son tome IV°, que c'est M. Peronnet qui a le premier donné l'idée en France de cette machine, et qu'il est à présumer que les anciens n'ont point poussé la perfection des travaux hydrauliques aussi loin que les modernes, et qu'ils n'ont rien exécuté de comparable pour la difficulté et la solidité de nos grands travaux de ce genre.

DETAILS ET DESCRIPTION DU PONT DE LA CITE,

Construit à Paris, au moyen de la Scie mécanique, en 1802 et années suivantes.

Le *Pont de la Cité* est construit sur la Seine, vis-à-vis l'église Notre-Dame et la grande rue *Saint-Louis*, en *l'île* nommée, en 1789, *de la Fraternité*. Plus de cent *maisons* ont été démolies et supprimées, tant dans le Cloître que le long de la rivière, du côté du nord (*quai de la Cité*, nommé en 1810 *Napoléon*), dit le *port Saint-Landry*, vis-à-vis l'Hôtel-de-Ville, et l'on a formé en 1809, la place *Fénélon*, entre *Notre-Dame* et ledit *pont*, au moyen desquels on communique maintenant de l'île Saint-Louis dans l'intérieur et l'extérieur de toute la *Cité*, dit *Lutèce* (*ancien Paris*.)

Ce nouveau pont a été construit en 1801, 1802 et 1803, suivant les plans et dessins de M. *Gauthey*, inspecteur-général des ponts et chaussées. La conduite des travaux a été confiée à MM. *Duvivier* et *Delsaux*, ingénieurs ordinaires; *Orfroy*, conducteur, sous la direction de M. *Demoustier*, ingénieur en chef, le même qui a dirigé là construction des ponts de Louis XVI, dit *de la Concorde*, à Paris, et de *Sainte-Maixence* sur l'Oise. C'est le sieur *Ginoux* qui a été l'entrepreneur de la charpente qui fit l'admiration du public, par son élégance et l'étendue des deux arches ; (1) M. *Prévost*, l'entrepreneur du pont de Louis XVI, a fait l'entreprise de la maçonnerie.

Explication pour renvoi des lettres et chiffres.

A, Indique le niveau des plus basses eaux, qu'on appelle *rivière marchande*.

B, Ouverture des arches et coupe du pont, ayant chacune 31 mètres (97 pieds), et un mètre 95 centimètres de flèche.

C, Culées et leurs murs au bout du pont, ainsi que la rampe des talus des vieux murs.

Ils sont assis sur des pieux formant pilotis. Ces murs sont de pierres de taille. On a fait des arrachemens dans es gros murs, indiqués par la lettre C, pour recevoir la queue des pierres destinées aux culées ; on a démoli en entier la partie du mur du quai qui se trouvait vis-à-vis les deux bouts du pont, et on a reconstruit ces mêmes parties à neuf, avec un empatement et épaisseur d'une force supérieure à celle qui existait sur les anciens pilotis.

D. Vue de l'une des arches faites en bois de charpente et bandes de fer boulonnées, avant qu'elle eût été revêtue ou couverte de ses planches lors de sa première construction en 1804, et supprimée en 1820, telle qu'on la voit au plan ci-joint.

Cette vue présente la construction des bois et la force de leur assemblage, au moyen des boulons équerrés et plates-bandes, ainsi que la pose des ferremens qui sont principalement à chaque montant, avec appuis et barres de traverse, semblables aux parties indiquées par les lettres K, J, I.

K. Principales pièces de bois de charpente.

Et toutes celles indiquées semblables étaient revêtues de plates-bandes en fer, en dedans comme en dehors, depuis le haut jusqu'en bas, à travers desquelles passaient des boulons, d'une extrémité à l'autre, de la largeur du pont, garnis de leurs écrous.

I. Pièces *idem*, et toutes celles semblables étaient également revêtues de plates-bandes et tirans garnis de leurs écrous dans toute leur hauteur et largeur, sauf quelques différences de ferremens qui sont inférieurs à ceux ci-dessus.

E et F. Vue de l'autre arche du côté de la Cité, telle qu'elle est figurée au plan ci-joint, garni de ses planches, dont les unes étaient posées en forme de chevaux, indiquées par E, et les autres horizontalement, qui sont indiquées par F, couvertes en cuivre, pour conserver les bois du pont, de même qu'à la première, supprimée en 1820.

G. Indique le bureau pour recevoir le droit de passe.

H. Indique la masse des pieux formant le pilotis sur lequel est construite la pile du milieu en pierres de taille. Les chiffres 1 et 1 indiquent le dessus du pont; *idem* 2 et 2 *idem*, les trottoirs; *idem* 3 et 3 *idem*, les avant-becs des piles; *idem* 4 et 4 *idem*, le mur du parapet.

Idem 5 et 5 *idem*, du quai de la Cité. Ce nouveau quai, exécuté en 1810, ainsi que celui de l'archevêché, aussi utile qu'élégant, par la grille qui l'accompagne, mérite d'être vu en comparaison de l'affreux cloaque que cet endroit présentait autrefois.

Idem 6 et 6 *idem*, le plan par terre du bureau destiné pour le service du droit de passe.

Le chiffre 7, enfin, indique le talus du mur du quai, depuis le niveau ordinaire des eaux, jusqu'à la hauteur du sol.

Détails de la construction du pont de la Cité.

Le volume des pieux, côté H, se trouve entouré d'un massif de pierres meulières qui en forment la solidité. Avant que de les employer, on a commencé à gratter avec des espèces de dragues à crochet le fond de la rivière; et, au moyen d'une autre *drague à cuiller*, on a retiré de l'intérieur des pieux et au pourtour autant de sable et gravier qu'on a pu en extraire, Pour faire place aux matériaux destinés à leur

---

(1) Cette charpente a été refaite à neuf, en 1820, sur un plan étroit.

être substitués, qu'on a jetés à pierres perdues, et dont la quantité est montée à près de deux cents tombereaux de pierres meulières, qui ont été employées avec un mortier composé de la manière ci-après

La première assise de cette pile se trouve au plus profond de la rivière, et est exposée à la rapidité du courant des eaux. La solidité en est assurée par la masse de pieux d'environ 8 mètres, ou 24 pieds 7 pouces de longeur, et dont la plupart sont entrés dans le gravier jusqu'à 6 mètres, ou 18 pieds et demi.

Les caissons étant finis, ils furent conduits à l'emplacement reconnu pour les piles du pont projeté, où on les fit écheoir bien de niveau au-dessus du pilotis, en les chargeant de maçonnerie, c'est-à-dire qu'on bâtit les piles en pierres de taille, dans ces même caissons, jusqu'à la naissance des arches : et quand le mortier eut acquis suffisamment de consistance, on démonta les bords du caisson, qui se détachèrent facilement du fond, pour être employés, à la construction d'un nouveau caisson pour d'autres piles, comme ayant été disposés à cet effet avec des *boulons et écrous* de manière à se démonter à volonté, ce qui a produit un tiers d'économie des dépenses : par ce procédé, ladite pile se trouva bâtie sans batardeau ni épuisement.

Cependant des ingénieurs-architectes prétendent que cette méthode ne peut être pratiquée que sur des terrains fermes, observant que le pont de Londres, sur la *Tamise*, bâti en ce genre, a fléchi au point que deux arches se sont écroulées, et qu'il a fallu les rétablir après coup.

Le mortier qui lie la maçonnerie du *massif* de ces mêmes ponts est composé de deux tiers de chaux vive, recouverte de sable de rivière. La préparation s'est faite en arrosant le sable jusqu'à ce que la pierre de chaux fût entièrement dissoute. Alors on remua fortement et vivement les matières pour les employer sur-le-champ; mais comme la profondeur de l'eau y mettait un obstacle, étant obligé de descendre de 12 à 15 pieds au-dessous de la surface, l'ingénieur fit construire *un caisson en forme d'entonnoir carré*, suspendu à une machine jusqu'à la profondeur du sol, au-dessous des *eaux*; et, après les avoir remplis de la matière préparée, on les vidait en tirant une *ficelle* attachée à un *loquet* à ressort; le fond de ce caissson s'ouvrait, et la matière se trouvait placée au fond de l'eau avec des *pilons*; et quand le massif de mortier eut atteint la hauteur qu'on s'était proposée, on recépa les pieux sous l'eau avec la scie mécanique très-ingénieuse, dont il vient d'être parlé. On construisit ensuite un châssis en charpente, garni de ses ferremens, monté sur chantier, qu'on lança à l'eau d'une seule pièce. On le chargea jusqu'à ce qu'il s'enfonçât sur la tête des pieux qui forment le pilotis, pour leur servir de couronnement. L'union de ce grillage avec les pieux rend inébranlable la fondation de la pile, et lui donne la solidité.

On avait couvert le dessus des arches de lames de cuivre; mais avant de les poser, on l'a revêtu de morceaux de bois refouillés au-dessous, selon l'épaisseur des tirans, et coupés en dessous, suivant le cintre des arches. Cette précaution a été jugée nécessaire pour garantir le cuivre et le fer, et les empêcher de se détruire mutuellement.

La longueur du pont est de 70 mètres, ou 36 toises, et sa largeur était de 10 mètres 22 centimètres, ou 31 pieds 6 pouces. (Réduit maintenant à 8 mètres.)

Les principaux montans en bois du parapet étaient revêtus en dedans comme en dehors de plates-bandes en fer, semblables à celles indiquées par les lettres K, J, I.

Enfin on avait d'abord commencé à faire *un remplissage de gravier* sur la voûte dudit pont, qui fut aussitôt *supprimé*, vu la trop grande charge que cela occasionait, au point que les *cintres en bois ont fléchi*. On avait aussi fait sur ce dit *Pont* la forme de sable pour recevoir le pavé et les bordures en pierres; mais ayant aperçu que cela *produisait un trop lourd fardeau*, on y a établi en place un *plancher en bois de chêne* avec des trottoirs couverts en dalles pour les gens de

pied, et sous lesquels on avait pratiqué une galerie servant à donner la facilité de circuler autour de chaque arche, pour examiner les pièces qui auraient besoin de réparations. Un droit de péage a été accordé, pour indemnité, aux entrepreneurs; il est fixé à 5 c., ou un *sou* par personne; 5 sous par voiture à deux chevaux, et 3 sous pour celle d'un cheval, ou voiture ordinaire de roulier, pendant trente ans : ce droit s'étend aux ponts *des Arts et du Jardin du Roi*, dit *d'Austerlitz*, que la même compagnie a fait construire les années suivantes.

OBSERVATION.

Une grande faute a été commise à la construction du pont de la Cité, soit par le défaut d'attention ou de surveillance dans la direction de ces travaux, comme il a déjà été observé d'autre part. Quelques *pièces d'assemblage* des matériaux employés dans sa construction, ayant sans doute quelque défaut, n'ont pas répondu à la solidité que pouvait exiger un pareil édifice, et le manque de quelqu'unes de ces pièces a suffi pour faire fléchir les *cintres des arches* dudit pont; au point que ces mêmes *cintres* qui avaient déjà fléchi, comme il est dit plus haut, au moment de leur construction en 1802, ont de nouveau fléchi en 1809 : de manière qu'on a été obligé d'*interdire le passage* en entier aux *voitures*, auxquelles ce même pont avait également été destiné à cette époque; on y a depuis fait de grands changemens imparfaits, pour servir seulement aux gens de pied. Mais les affaissemens des arches ayant continué à se manifester, ont fait que les *dalles en pierre* qui couvraient les trottoirs ont été remplacées par un plancher en bois de chêne.

En 1817, on a proposé de refaire les cintres des arches à neuf et en pierres, ce qui sans doute aurait été plus solide pour assurer une communication nécessaire à la circulation des affaires de ce quartier, non-seulement pour les gens de pied, mais aussi pour les voitures en général qui en sont privées.

Enfin, en 1819 et 1820, les cintres des arches, (*en charpente*) de ce même pont paraissant continuer à donner des doutes sur leur solidité, ils ont été démontés en entier, et refaits d'une forme bien moins large que les précédentes, et d'un genre assez mesquin : la charpente tout à jour, sans aucun revêtissement; de manière qu'il ne passe toujours que les gens de pied.

Cependant, il eût été nécessaire, pour l'intérêt général des habitans de ce quartier, que ce même pont eût été refait d'une manière solide à pouvoir supporter le passage de toutes les voitures, tel que la compagnie s'était d'abord obligée de l'établir en 1802; chose qui doit paraître étrange à tous ceux qui ne connaissent pas les motifs qui ont pu dispenser cette même compagnie à remplir les conditions premières, qu'ils se sont imposées pour la construction dudit pont.

Ce pont enfin ne représente plus aux passans cette forme majestueuse, comme celle figurée au plan ci-joint : ce n'est plus qu'une carcasse de charpente, comme il vient d'être cité.

On peut donc penser que ce nouveau modèle de pont ne sera que provisoire, en attendant qu'on le rétablisse d'une manière plus hardie, et que l'on forme la *place de Louis XVI*, ci-devant projetée à cet endroit, suivant le plan de la *réunion des trois îles* en une seule, ainsi qu'il a déjà été proposé.

Une autre faute a été aussi commise à la construction du pont nouvellement établi sur la rivière d'*Erdres*, dans la ville de Nantes, en 1809, département de la Loire-Inférieure, en bâtissant sur de vieux pilotis, sans les avoir retouchés, c'est-à-dire rebattus au mouton, et enfoncés au degré de solidité qu'exigeait l'entreprise; au point que ce même pont de Nantes, a peine a-t-il été cintré, qu'il a aussitôt fléchi, et les fondations enfoncées de plus d'un *mètre*, ou *trois pieds* de profondeur; de manière que ce pont, que nous avons examiné sur les lieux, est tellement défiguré, qu'il déshonore les arts, et offusque tous les passans qui ont la moindre connaissance.

Quant à l'égard du pont de la *Cité*, il faut observer qu'à l'époque de sa construction, l'ingénieur DEMOUSTIER, que nous nous félicitons d'avoir connu particulièrement comme un homme célèbre dans sa partie; il faut, dis-je, observer que ce même ingénieur se trouvait en *convalescence* par suite d'une longue maladie, ce qui l'a empêché de suivre la direction de ces travaux avec toute l'attention dont il était capable, et d'étendre sa surveillance sur ses collaborateurs et subalternes, ce qui fait présumer que ces derniers n'ont pas mis tous les soins et l'attention qu'une telle entreprise avait droit d'exiger.

Avant la construction du pont, dit maintenant celui de la *Cité*, il existait un pont bâti tout en bois, (nommé le *pont rouge*), à environ 20 toises, ou 40 mètres plus bas, presque à l'alignement du quai Bourbon; construit d'une manière très-uniforme, ne servant qu'aux gens de pied, qui payaient chacun un *liard*. Ce pont fut construit pour la première fois en 1710; quelques années après, il fut emporté par les eaux, et rétabli en 1718, époque à laquelle on accorda un droit de péage pour 15 ans pour son entrepreneur, en raison de 3 et 6 deniers par personne, *droit* qu'on a continué de percevoir jusqu'en 1789. En 1790, les officiers municipaux de la commune de Paris le firent démolir. Depuis, plusieurs plans et projets ont été présentés pour sa construction, et entr'autres un par le sieur Migneron père, ingénieur et entrepreneur, qui a mérité l'attention du Gouvernement.

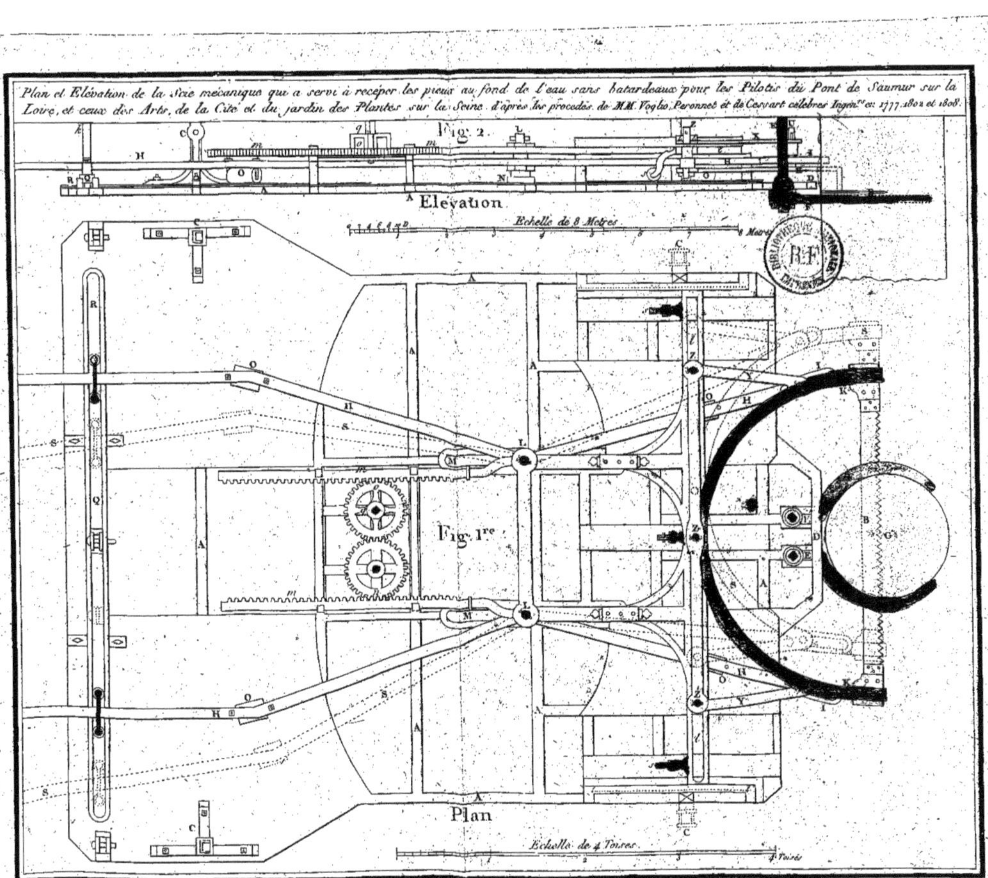

Plan et Elévation de la Scie mécanique qui a servi à recéper les pieux au fond de l'eau sans batardeaux pour les Pilotis du Pont de Saumur sur la Loire, et ceux des Arts, de la Cité et du jardin des Plantes sur la Seine, d'après les procédés de MM. Voglio, Peronnet et de Cessart célèbres Ingén.rs en 1777, 1802 et 1808.
Fig. 2
Elévation
Echelle de 8 Mètres.
Fig. 1re
Plan
Echelle de 4 Toises.
4 Toises
M.B.A.H. Arch. Géomètre 1826 et années suivantes.
Déposé à la Bibliothèque Royale.
Gravé par E. Collin.

TURE,

NAVIGATI

PIÈCES

MIÈRE NÉCESSITÉ PU

Étate, encourager les
Paix chez toutes les Natio

enluminées géométriqueme
formant, ensemble, pie
n; le tout déposé à la Bi

D'ARTISTES.

suivans.

IS,

POLYTECHNIQUE,
, Libraire.

TURE,

NAVIGATION,

PIÈCES

EMIÈRE NÉCESSITÉ PUBLIQUE

États, encourager les Scienc
Paix chez toutes les Nations.

enluminées géométriquement, a
, formant, ensemble, plus de
n; le tout déposé à la Bibliothè

D'ARTISTES.

suivans.

❖✖❖⬤❤❖◀◀❖◀

IS,

POLYTECHNIQUE,

Libraire.

CONCESSION

DES PROPRIÉTÉS

POUR OBJET D'UTILITÉ PUBLIQUE,

ou

LOIS RELATIVES

AUX ALIGNEMENTS DES RUES ACTUELLES,

ET FORMATION DE NOUVELLES ;

Desséchements de Marais, confection de Canaux, Chemins vicinaux, Places, Halles, Marchés, Routes, Ponts et Chaussées, ainsi que des primes et indemnités que tous Propriétaires riverains ont le droit de prétendre en pareil cas.

Idem, des *formalités* à suivre voulues par ces mêmes lois, concernant les mêmes objets, et que tous *Architectes, Ingénieurs, Entrepreneurs* et *Administrateurs*, chargés de gérer ou d'administrer toutes espèces d'*entreprises* de ce genre, ainsi que des constructions et bâtisses, établissements ou travaux publics en général, ont *intérêt* à bien *connaître.*

Décrétées par l'Assemblée législative, le 16 septembre 1807, d'après le rapport fait à ce sujet par les *tribuns* Carion Nisas et Challons, puis converti en *loi* à la majorité de 163 votants contre 79, et *sanctionné* par le Gouvernement d'alors, et révisé à Paris, en 1824, par S. M.

~~~~~~~~~~~~~~~~~~~~~~~~~~~~~~~~~~~~~

TITRE PREMIER.

Desséchement des Marais.

Art. 1er. La propriété des marais est soumise à des règles particulières.

Le Gouvernement ordonnera les desséchements qu'il jugera utiles ou nécessaires.

2. Les desséchements seront exécutés par l'État ou par des concessionnaires.

3. Lorsqu'un marais appartiendra à un seul propriétaire, ou lorsque tous les propriétaires seront réunis, la concession du desséchement leur sera toujours accordée, s'ils se soumettent à l'exécuter dans les délais fixés, et conformément aux plans adoptés par le gouvernement.

4. Lorsqu'un marais appartiendra à un propriétaire, ou à une réunion de propriétaires, qui ne se soumettront pas à dessécher dans les délais et selon les plans adoptés, ou qui n'exécuteront pas les conditions auxquelles ils se seront soumis, lorsque les propriétaires ne seront pas tous réunis, lorsque, parmi lesdits propriétaires, il y aura une ou plusieurs communes, la *concession* du desséchement aura lieu en faveur des concessionnaires

~~~~~~~~~~~~~~~~~~~~~~~~~~~~~~~~~~~~~

dont la soumission sera jugée la plus avantageuse par le Gouvernement : celles qui seraient faites par des communes propriétaires, ou par un certain nombre de propriétaires réunis, seront *préférées* à conditions égales.

5. Les concessions seront faites par des décrets rendus au Conseil-d'Etat, sur des plans levés ou sur des plans vérifiés et approuvés par les ingénieurs des ponts et chaussées, aux conditions prescrites par la présente loi, aux conditions qui seront établies par les réglements généraux à intervenir, et aux charges qui seront fixées à raison des circonstances locales.

6. Les plans seront levés, vérifiés et approuvés aux frais des entrepreneurs du desséchement : si ceux qui auront fait la première soumission, et lever ou fait vérifier les plans, ne demeurent pas concessionnaires, ils seront remboursés par ceux auxquels la concession sera définitivement accordée.

Le plan général du marais comprendra tous les terrains qui seront présumés devoir profiter du desséchement. Chaque propriété y sera distinguée, et son étendue exactement circonscrite.

Au *plan général*, seront joints tous les *profils* et *nivellements* nécessaires; ils seront, le plus possible, exprimés sur le plan par des cotes particulières.

TITRE II.

Fixation de l'étendue, de l'espèce et de la valeur estimative des marais avant le desséchement.

7. Lorsque le Gouvernement fera un desséchement, ou lorsque la concession aura été accordée, il sera formé entre les propriétaires un syndicat, à l'effet de nommer les experts qui devront procéder aux estimations statuées par la présente loi.

Les syndics seront nommés par le préfet ; ils seront pris parmi les propriétaires les plus imposés, à raison des marais à dessécher. Les syndics seront au moins au nombre de trois, et au plus au nombre de neuf; ce qui sera determiné dans l'acte de concession.

8. Les syndics réunis nommeront et présenteront un expert au préfet du département.

Les concessionnaires en présenteront un autre ; le préfet nommera un tiers expert.

Si le desséchement est fait pour l'État, le préfet nommera le second expert, et le tiers expert sera nommé par le Ministre de l'intérieur.

9. Les terrains du marais seront divisés en plusieurs classes, dont le nombre n'excédera pas dix, et ne pourra être au-dessous de cinq : ces classes seront formées d'après les divers degrés d'inondation. Lorsque la valeur des différentes parties du marais éprouvera d'autres variations que celles provenant des diverses degrés de submersion, et dans ce cas seulement, les classes seront formées sans égard à ces divers degrés, et toujours de manière à ce que toutes les terres de même valeur présumées soient dans la même classe.

10. Le *périmètre* des diverses classes sera placé sur le plan cadastral qui aura servi de base à l'entreprise.

Ce tracé sera fait par les ingénieurs et experts réunis.

11. Le plan, ainsi préparé, sera soumis à l'approbation du préfet, il restera déposé au secrétariat de la préfecture pendant un mois ; les parties intéressées seront invitées par affiches à prendre connaissance du plan, à fournir leurs observations sur son exactitude, sur l'étendue donnée aux limites jusques auxquelles se feront sentir les effets du desséchement, et enfin sur le classement des terres.

12. Le préfet, après avoir reçu ces observations, celles en réponse des entrepreneurs du desséchement, celles des ingénieurs et des experts, pourra ordonner les vérifications qu'il jugera convenables.

Dans le cas où, après vérification, les parties intéressées persisteraient dans leurs plaintes, les questions seront portées devant la commission constituée par le titre X de la présente loi.

13. Lorsque les plans auront été définitivement arrêtés, les deux experts, nommés par les propriétaires et les entrepreneurs du desséchement, se rendront sur les lieux, et après avoir recueilli tous les renseignements nécessaires, ils procéderont à l'appréciation de chacune des classes composant les marais, eu égard à sa valeur réelle, au montant de l'estimation considérée dans son état de marais, et sans pouvoir s'occuper d'une estimation détaillée par propriété.

Les experts procéderont en présence du tiers expert, qui les départagera s'ils ne peuvent s'accorder.

14. Le procès-verbal d'estimation par classe, sera déposé, pendant un mois, à la préfecture. Les intéressés en seront prévenus par affiches; et s'il survient des réclamations, elles seront jugées par la commission.

Dans tous les cas, l'estimation sera soumise à ladite commission pour être jugée et homologuée par elle ; elle pourra décider outre et contre l'avis des experts.

15. Dès que l'estimation aura été définitivement arrêtée, les travaux de desséchement seront commencés ; ils seront poursuivis et terminés dans les délais fixés par l'acte de concession, sous les peines portées audit acte.

TITRE III.

Des marais pendant le cours des travaux de desséchement.

16. Lorsque, d'après l'étendue des marais, ou la difficulté des travaux, le desséchement né pourra être opéré dans trois ans, l'acte de concession pourra attribuer aux entrepreneurs du desséchement, une portion en deniers, du produit des fonds qui auront les premiers profité des travaux du desséchement.

Les contestations relatives à l'exécution de cette clause de l'acte de concession, seront portées devant la commission.

TITRE IV.

Des marais après le desséchement, et de l'estimation de leur valeur.

17. Lorsque les travaux, prescrits par l'État ou par l'acte de concession, seront terminés, il sera procédé à leur vérification et réception.

En cas de réclamations, elles seront portées devant la commission qui les jugera.

18. Dès que la reconnaissance des travaux aura été approuvée, les experts, respectivement nommés par les propriétaires et par les entrepreneurs du desséchement, et accompagnés du tiers expert, procéderont, de concert avec les ingénieurs, à une classification des fonds desséchés, suivant leur valeur nouvelle, et l'espèce de culture dont ils seront devenus susceptibles.

Cette classification sera vérifiée, arrêtée, suivie d'une estimation ; le tout dans les mêmes formes, ci-dessus prescrites pour la classification et l'estimation des marais avant le desséchement.

TITRE V.

Règles pour le paiement des indemnités dues par les propriétaires, et cas de dépossession.

19. Dès que l'estimation des fonds desséchés aura été arrêtée, les entrepreneurs du desséchement présenteront à la commission un rôle contenant :

1° Le nom des propriétaires ;

2° L'étendue de leur propriété ;

3° Les classes dans lesquelles elle se trouve placée, le tout relevé sur le *plan cadastral* ;

4° L'énonciation de la première estimation, calculée à raison de l'étendue et des classes ;

5° Le montant de la valeur nouvelle de la propriété depuis le desséchement , réglé par la seconde estimation et le second classement ;

6° Enfin , la différence entre les deux estimations.

S'il reste dans le marais des portions qui n'auront pu être desséchées ; elles ne donneront lieu à aucune prétention de la part des entrepreneurs du desséchement.

20. Le montant de la plus-value obtenue par le desséchement, sera divisé entre le propriétaire et le concessionnaire, dans les proportions qui auront été fixées par l'acte de concession.

Lorsqu'un desséchement sera fait par l'Etat, sa portion dans la plus-value sera fixée de manière à le rembourser de toutes ses dépenses. Le *rôle des indemnités* sur la *plus value* , sera arrêté par la commission et rendu exécutoire par le préfet.

21. Les propriétaires auront la faculté de se libérer de l'indemnité par eux due , en délaissant une portion relative des fonds , *calculée* sur le pied de la *dernière estimation*; dans ce cas , il n'y aura lieu qu'au droit fixe d'un franc pour l'*enregistrement* de l'acte de mutation de propriété.

22. Si les propriétaires ne veulent pas délaisser des fonds en nature, ils constitueront une rente sur le pied de *quatre pour cent* sans retenue ; le capital de cette rente sera toujours remboursable, même par portions, qui , cependant , ne pourront être moindres d'un dixième , et moyennant vingt-cinq capitaux.

23. Les indemnités dues aux concessionnaires ou au Gouvernement , à raison de la plus-value résultant des desséchements , auront privilége sur toute ladite plus-value , à la charge seulement de faire transcrire l'acte de concession ou le décret qui ordonnera le desséchement au compte de l'Etat , dans les *bureaux des hypothèques* de l'arrondissement de la situation des marais desséchés.

L'hypothèque de tout individu inscrit avant le desséchement , sera restreinte au moyen de la transcription ci-dessus ordonnée , sur une portion de propriétés égale en valeur à la première *valeur* estimative des terrains desséchés.

24. Dans le cas où le desséchement d'un marais ne pourrait être opéré par les moyens ci-dessus organisés, et où, soit par les obstacles de la nature , soit par des oppositions persévérantes des propriétaires , on ne pourrait parvenir au desséchement , le propriétaire ou les propriétaires de la totalité des marais , pourront être *contraints à délaisser leur propriété sur estimation faite dans les formes déjà prescrites.*

Cette estimation sera soumise au jugement et à l'homologation d'une commission formée à cet effet , et la cession sera ordonnée sur le rapport du Ministre de l'intérieur, par un réglement d'administration publique.

TITRE VI.

De la conservation des travaux de desséchement.

25. Durant le cours des travaux de desséchement , les canaux , fossés , rigoles , digues et autres ouvrages , seront entretenus et gardés aux frais des entrepreneurs du desséchement.

26. A compter de la réception des travaux , l'entretien et la garde seront à la charge des propriétaires , tant anciens que nouveaux. Les syndics déjà nommés , auxquels le préfet pourra en adjoindre deux ou quatre pris parmi les nouveaux propriétaires , proposeront au préfet des réglements d'administration publique qui fixeront le genre et l'étendue des contributions nécessaires pour subvenir aux dépenses.

La commission donnera son avis sur ces projets de réglements, et en les adressant au Ministre, proposera aussi la création d'une administration composée de propriétaires , qui devra faire exécuter les travaux : il sera statué sur le tout au Conseil-d'Etat.

27. La conservation des travaux de desséchement, celle des digues contre les torrents , rivières et fleuves, et sur les bords des lacs et de la mer, est commise à l'administration publique. Toutes réparations et dommages seront poursuivis par voie administrative comme

pour les objets de *grande voierie*. Les délits seront poursuivis par les voies ordinaires, soit devant les tribunaux de police correctionnelle, soit devant les cours criminelles, en raison des cas,

TITRE VII.

Des travaux de navigation, des routes, des ponts, des rues, des places, des quais, des digues et des moyens de salubrité qui sont nécessaires à établir dans l'intérieur de la France.

Enfin des primes et des indemnités que chacun peut être susceptible d'avoir droit à prétendre, relatives à la confection de tous ces objets d'utilité publique.

28. Lorsque, par l'ouverture d'un *canal* de navigation, par le perfectionnement de la navigation d'une rivière, par l'ouverture d'une *grande route*, par la construction d'un *pont*, un ou plusieurs départements, ou arrondissements, seront jugés devoir recueillir une amélioration à la valeur de leur territoire, ils seront susceptibles de contribuer aux dépenses des travaux par voie de *centimes* additionels aux contributions; et ce, dans les proportions qui seront déterminées par des lois spéciales.

Ces contributions ne pourront s'élever au-delà de la moitié de la dépense; le gouvernement fournira l'excédant.

29. Lorsqu'il y aura lieu à l'établissement ou au perfectionnement d'une petite navigation, d'un *canal de flottage*, à l'ouverture ou à l'entretien de *grandes routes* d'un intérêt local, à la construction ou à l'entretien de ponts sur lesdites routes ou sur des *chemins vicinaux*, les départements contribueront dans une proportion, les arrondissements les plus intéressés dans une autre, les communes les plus intéressées d'une manière encore différente; le tout selon les degrés d'utilité respective.

Le gouvernement ne fournira de fonds, dans ce cas, que lorsqu'il le jugera convenable; les proportions des diverses contributions seront réglées par des lois spéciales.

3o. Lorsque, par suite des travaux déjà énoncés dans la présente loi; lorsque, par l'ouverture de *nouvelles rues*, par la formation de *places nouvelles*, par la construction de *quais*, ou par tous autres *travaux publics* généraux, départementaux ou communaux, ordonnés ou approuvés par le gouvernement, des propriétés privées auront *acquis une notable augmentation de valeur*, ces propriétés pourront être chargées de payer une *indemnité*, qui pourra s'élever jusqu'à la valeur de la moitié des avantages qu'elles auront acquis; le tout sera réglé par estimation, dans les formes déjà établies par la présente loi, jugé et homologué par la commission qui aura été nommée à cet effet.

31. Les *indemnités* pour paiement de *plus-value* seront acquittées, au choix des débiteurs, en argent ou en rente constituées à quatre pour cent net, ou en délaissemement d'une partie de la propriété si elle est divisible; ils pourront aussi délaisser en entier les fonds, *terrains ou bâtiments* dont la plus-value donne lieu à l'indemnité, et sur l'estimation réglée d'après la valeur qu'avait l'objet avant l'exécution des travaux desquels la plus-value aura résulté.

Les articles 21 et 23, relatifs aux droits d'enregistrement et aux hypothèques, sont applicables aux cas spécifiés dans le présent article.

32. Les indemnités ne seront dues par les propriétaires des fonds voisins des travaux effectués, que lorsqu'il aura été décidé par un réglement d'administration publique, rendu sur le rappport du Ministre de l'intérieur, et après avoir entendu les parties intéressées, qu'il y a lieu à l'application des deux articles précédents.

33. Lorsqu'il s'agira de construire des *digues à la mer*, ou contre les fleuves, rivières et torrents, navigables ou non navigables, la nécessité en sera constatée par le gouvernement, et la dépense supportée par les propriétés protégées, dans la proportion de leur intérêt aux travaux, sauf le cas où le gouvernement croirait utile et juste d'accorder des secours sur les fonds publics.

34. Les formes précédemment établies, et l'intervention d'une commission, seront appliquées à l'exécution du précédent article.

Lorsqu'il y aura lieu de pourvoir aux dépenses d'entretien ou de réparation des mêmes travaux, au *curage des canaux* qui sont en même temps de navigation et de desséchement, il sera fait des réglements d'administration publique qui fixeront la part contributive du gouvernement et des propriétaires. Il en sera de même lorsqu'il s'agira de *levées*, de *barrages*, de *pertuis*, d'*écluses*, auxquels des propriétaires de *moulins* ou d'*usines* seraient intéressés.

35. Tous les travaux de *salubrité* qui intéressent les villes et les communes seront ordonnés par le gouvernement, et les dépenses supportées par les communes intéressées.

36. Tout ce qui est relatif aux travaux de *salubrité*, sera réglé par l'administration publique; elle aura égard, lors de la rédaction du rôle de la contribution spéciale destinée à faire face aux dépenses de ce genre de travaux, aux avantages immédiats qu'acquerraient telles ou telles propriétés privées, pour les faire contribuer à la décharge de la commune dans des proportions variées et justifiées par les circonstances.

37. L'exécution des deux articles précédents restera dans les attributions des préfets et des conseils de préfecture.

TITRE VIII.

Des travaux de routes et de navigation relatifs à l'exploitation des forêts et minières.

38. Lorsqu'il y aura lieu d'ouvrir ou de perfectionner une *route* ou des moyens de *navigation* dont l'objet sera d'exploiter avec économie des forêts ou bois, des usines ou minières, ou de leur fournir un débouché, toutes les propriétés de cette espèce, générale, communale ou privée, qui devront en profiter, seront appelées à contribuer pour la totalité de la dépense dans les proportions variées des avantages qu'elles devront en recueillir.

Le Gouvernement pourra néanmoins accorder, sur les fonds publics, les secours qu'il croira nécessaires.

39. Les propriétaires se libéreront dans les formes énoncées aux articles 21, 22 et 23 de la présente loi.

40. Les formes d'estimation et l'intervention de la commission organisée par la présente loi, seront appliquées à l'exécution des deux précédents articles.

TITRE IX.

De la concession de divers objets dépendant du domaine.

41. Le gouvernement concédera, aux conditions qu'il aura réglées, les marais, lais et relais de la mer, le droit d'endiguage, les accrues, attérissements et alluvions de fleuves, rivières et torrents, quant à ceux de ces objets qui forment propriété publique et domaniale.

TITRE X.

De l'organisation et des attributions des commissions spéciales.

42. Lorqu'il s'agira d'un *desséchement de marais* ou d'autres ouvrages déjà énoncés en la présente loi, et pour lesquels l'intervention d'une commission spéciale est indiquée, cette commission sera établie ainsi qu'il suit.

43. Elle sera composée de sept commissaires ; leur avis ou leurs décisions seront motivés ; ils devront, pour les prononcer, être au moins au nombre de cinq.

44. Les commissaires seront pris parmi les personnes qui seront présumées avoir le plus de connaissances relatives, soit aux localités, soit aux divers objets sur lesquels ils auront à prononcer.

Ils seront nommés par SA MAJESTÉ.

45. Les formes de la réunion des membres de la commission, la fixation des époques de ses séances et des lieux où elles seront tenues, les règles pour la présidence, le secrétariat et la garde des papiers, les frais qu'entraîneront ses opérations, et enfin tout ce qui concerne son organisation, seront déterminés, dans chaque cas, par un réglement d'administration publique.

46. Les commissions spéciales connaîtront de tout ce qui est relatif au classement des diverses propriétés, avant ou après le desséchement des marais, à leur estimation, à la vérification de l'exactitude des *plans cadastraux*, à l'exécution des clauses des actes de concession relatives à la jouissance par les concessionnaires d'une portion des produits, à la vérification et à la réception des travaux de desséchement, à la formation et à la rectification du rôle de *plus-value des terres* après le desséchement; elles donneront leur avis sur l'organisation du mode d'entretien des travaux de desséchement; elles arrêteront les estimations dans le cas prévu par l'article 24, où le Gouvernement aurait à déposséder tous les propriétaires d'un marais; elles connaîtront des mêmes objets, lorsqu'il s'agira de fixer la valeur des propriétés, avant l'exécution de travaux d'un autre genre, comme *routes*, *canaux*, *quais*, *digues*, *ponts*, *rues*, et après l'exécution desdits travaux, et lorsqu'il sera question de fixer la plus-value.

47. Elles ne pourront, en aucun cas, juger les questions de propriété sur lesquelles il sera prononcé par les tribunaux ordinaires, sans que, dans aucun cas, les opérations relatives aux travaux, ou l'exécution des décisions de la commission puissent être retardées ou suspendues.

TITRE XI.

Des indemnités aux propriétaires, pour occupation des terrains ou biens immeubles quelconques, par eux concédés.

48. Lorsque, pour exécuter un *desséchement*, l'*ouverture* d'une nouvelle navigation, la formation d'un pont, il sera question de *supprimer* des moulins ou autres usines, de les déplacer, modifier, ou de réduire l'élévation de leurs eaux, la nécessité en sera constatée par les ingénieurs des ponts et chaussées. Le prix de l'estimation sera payé par l'Etat, lorsqu'il entreprend les travaux; lorsqu'il sont entrepris par des concessionnaires, *le prix de l'estimation sera payé avant qu'ils puissent faire cesser le travail des moulins et usines.*

Il sera d'abord examiné si l'établissement des moulins et usines est légal, ou si le titre d'établissement ne soumet pas les propriétaires à voir démolir leurs établissements sans indemnité, si l'utilité publique le requiert.

49. Les terrains nécessaires pour l'ouverture des *canaux* et *rigoles de desséchement*, des canaux de navigation, de *routes*, de *rues*, la formation de *places* et autres travaux reconnus d'une utilité générale, seront *payés à leurs propriétaires*, et à dire d'experts, d'après leur valeur *avant l'entreprise* des travaux, et sans nulle *augmentation* du prix d'estimation.

50. Lorsqu'un propriétaire fait *volontairement* démolir sa maison, lorsqu'il est forcé de la démolir pour cause de *vétusté*, il n'a droit à indemnité que pour la valeur du *terrain délaissé*, si l'alignement, qui lui est donné par les autorités compétentes, le forcent à reculer sa construction.

51. Les *maisons et bâtimments* dont il serait nécessaire de faire démolir et d'enlever une portion pour cause d'*utilité publique* légalement reconnue, seront acquis en *entier*, si le propriétaire l'exige, sauf à l'administration publique ou aux communes, à *revendre* les portions de bâtiments ainsi acquises, et qui ne seront pas nécessaires pour l'exécution du plan. La cession par le propriétaire à l'administration publique ou à la commune, et la revente, seront effectuées d'après un décret rendu en Conseil-d'Etat, sur le rapport du Ministre de l'intérieur, dans les formes prescrites par la loi.

52. Dans les villes, les *alignements* pour l'ouverture des nouvelles *rues*, pour *l'élargissement des anciennes* qui ne font point partie d'une grande *route*, ou pour tout autre objet d'*utilité publique*, seront donnés par les *maires*, conformément au *plan* dont les projets auront été adressés aux *préfets*, transmis avec leur avis au *ministre* de l'intérieur, et arrêtés au *conseil d'état*.

En cas de réclamation de *tiers intéressés*, il sera de même statué en Conseil-d'Etat, sur le rapport du Ministre de l'intérieur.

53. Au cas où, par les alignements arrêtés, un propriétaire pourrait recevoir la *faculté de s'avancer sur la voie publique*, il sera tenu de payer la valeur du terrain qui lui sera cédé.

(8)

Dans la fixation de cette *valeur*, les experts auront égard à ce que le plus ou le moins de profondeur du terrain cédé, la nature de la propriété, le reculement du reste du terrain bâti ou non bâti loin de la nouvelle voie, peut *ajouter ou diminuer de valeur* relative pour le propriétaire.

Au cas où le propriétaire ne voudrait point acquérir, l'administration publique est autorisée à le *déposséder* de l'ensemble de sa propriété en lui payant la valeur telle qu'elle était avant l'entreprise des travaux. La cession et la revente seront faites comme il a été dit en l'article 51 ci-dessus.

54. Lorsqu'il y aura lieu en même temps à *payer une indemnité* à un propriétaire pour terrains occupés, et à recevoir de lui une plus-value pour des avantages acquis à ses propriétés restantes, il y aura *compensation* jusqu'à concurrence ; et le surplus seulement, selon les résultats, sera payé au propriétaire ou acquitté par lui.

Exploitation de carrières, ou recherches de matériaux.

55. Les terrains occupés pour prendre les *matériaux nécessaires aux routes* ou aux *constructions publiques*, pourront être payés aux propriétaires, comme s'ils eussent été pris pour la route même.

Il n'y aura lieu à faire entrer dans l'estimation la valeur des matériaux à extraire, que dans les cas où l'on s'emparerait d'une carrière déjà en exploitation ; alors lesdits matériaux seront évalués d'après leur prix courant, abstraction faite de l'existence et des besoins de la route pour laquelle ils seraient pris, ou des constructions auxquelles on les destine.

56. Les experts, pour l'évaluation des indemnités relatives à une occupation de terrain, dans les cas prévus au présent titre, seront nommés, pour les objets de *travaux de grande voierie*, l'un par le propriétaire, l'autre par le préfet, et le tiers expert, s'il en est besoin, sera de droit l'ingénieur en chef du département ; lorsqu'il y aura des concessionnaires, un expert sera nommé par le propriétaire, un par le concessionnaire, et le tiers expert par le préfet.

Quant aux travaux des villes, un expert sera nommé par le propriétaire, un par le maire de la ville ou de l'arrondissement, pour Paris, et le tiers expert par le préfet.

57. Le contrôleur et le directeur des contributions donneront leur avis sur le procès-verbal d'expertise, qui sera soumis par le préfet à la délibération du conseil de préfecture ; le préfet pourra, dans tous les cas, faire faire une nouvelle expertise.

TITRE XII.

Dispositions générales.

58. Les indemnités pour plus-value dues à raison des travaux déjà entrepris, et spécialement à raison des travaux de desséchement, seront réglées d'après les dispositions de la présente loi. Des réglements d'administration publique statueront sur la possibilité et le mode d'application à chaque cas ou entreprise particulière, et alors l'organisation et l'intervention de la commission spéciale seront toujours nécessaires.

59. Toutes les lois antérieures cesseront d'avoir leur exécution en ce qui serait contraire à la présente loi.

Collationné à Paris, ledit jour 16 septembre 1807, sur l'original par le président du Corps législatif, FONTAINE ; les secrétaires *idem*, MICHELET, ROCHEMONT, J. V. DUMOLARD, CHAPPUY et MILCENT. Vu et ordonné l'exécution, contre-signé à Fontainebleau, le 26 du même mois par L'EMPEREUR NAPOLÉON, *idem* par l'Archi-Chancelier CAMBACÉRÈS, et les ministres d'État et de Justice, signé REGNIER et HUGUES-B. MARET (*n°* 499, *Bulletin* 162.), et nouvellement promulgué à Paris, en 1824, par le PRÉFET de la Seine, annonçant les dispositions qui vont être prises par la grande voierie, pour les rues et places de cette ville capitale, en conformité des *articles* 52, *titre* XI de ladite loi.

DE L'IMPRIMERIE D'H. TILLIARD, RUE DE LA HARPE, N° 78.

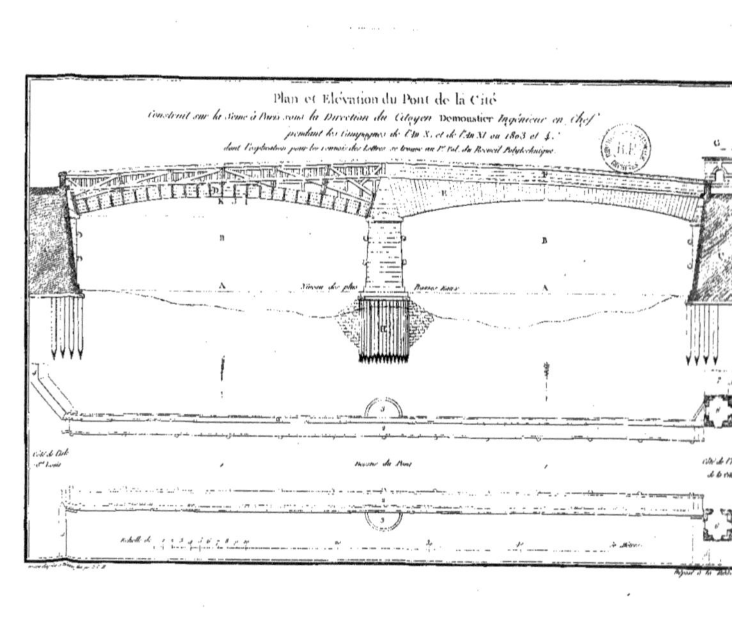

Plan et Elévation du Pont de la Cité
Construit sur la Seine à Paris sous la Direction du Citoyen Demoustier Ingénieur en Chef
pendant les Campagnes de l'An X. et de l'An XI ou 1803 et 4.
dont l'explication pour le renvoi des lettres se trouve au 1.er Vol. du Recueil Polytechnique.
Niveau des plus Basses Eaux
Côté de Paris St. Louis
Niveau du Pont
Côté de Paris de la Cité
Echelle de
Mètres

RECUEIL DE

les avantages de l'Agricult
avigation, *avec plan de pl*
rfection.

ACCOMPA

es moyens d'augmenter la valeur
bservations sur le cours du *Loir*.
mémoire sur les desséchemens d
ême pour la formation d'un bass
Loire, ainsi que le plan gravé géo
ispositions pour la formation d'u.
Gouvernement.
'indication de la division hydro
rivières de France, par M. Mo
Une Notice sur la Théorie physi
urantes, par M. R. PRONY, Directou
'un Tableau ou état des Ingénieu
dant dans chaque département,
ui leur sont allouées.
Du Tarif décrété en 1807, fixant
rchitectes, Entrepreneurs, Laboure
s diverses opérations d'expertise a
ppelé.
Extrait de l'exposé de la situation
èrement les travaux publics, Ponts
erce, Embellissemens de Paris,

Par M. CRETÉ, *Mini.*

e plusieurs autres Articles qui intéressent l
es qui ont à bâtir ou des changemens à fai
que, joint à un arrêté d'un Conseiller d'É
les ; suivis enfin de l'utilité de la *plantati*
CADET DEVAUX ; et la Loi rendue à ce su
ue déposé à la Bibliothèque du Gouverne

Par une Société d'Artistes.

, cartonné avec 4 grav. et plus de 80 pag.

A PAR

AU BUREAU DU RECUE
ET CHEZ DEBRA

RECUEIL DI

*les avantages de l'Agricultu
Navigation, avec plan de pl
erfection.*

ACCOMPA

*es moyens d'augmenter la valeur
Observations* sur le cours du *Loir*,
mémoire sur les desséchemens de
ème pour la formation d'un bass
Loire, ainsi que le plan gravé géo
Dispositions pour la formation d'u
Gouvernement.
l'indication de la division hydro
rivières de France, par M. Mo
Une Notice sur la Théorie physi
ourantes, par M. R. PRONY, Directeu
d'un Tableau ou état des Ingénieu
dant dans chaque département,
ui leur sont allouées.
Du Tarif décrété en 1807, fixant
rchitectes, Entrepreneurs, Laboure
s diverses opérations d'expertise a
ppelé.
Extrait de l'exposé de la situation
èrement les travaux publics, Ponts
erce, Embellissemens de Paris,

Par M. CRETÉ, *Mini.*

e plusieurs autres Articles qui intéressent l
es qui ont à bâtir ou des changemens à fai
que, joint à un arrêté d'un Conseiller d'É
cles ; suivis enfin de l'utilité de la *plantati*
CADET DEVAUX ; et la Loi rendue à ce su
ue déposé à la Bibliothèque du Gouverne

Par une Société d'Artistes.

, cartonné avec 4 grav. et plus de 80 pag.

A PAR

AU BUREAU DU RECUE.

ET CHEZ DEBRA

AGRICULTURE,
COMMERCE ET NAVIGATION,

ou **Plan**, avec description de plusieurs objets utiles
et nécessaires à leur perfection,

Suivi de divers articles proposés pour la confection de plusieurs Canaux
de navigation, entr'autres celui *du golfe de Venise au golfe de Gênes et
de Lion*, pour abréger la navigation de plus de 300 lieues;

Par M. B. A. H. *de Vert.*

Si la force des Armées, dit M. *Andréossy*, est le premier soutient de l'Etat, l'*Agriculture*, le *Commerce* et la *Navigation*, sont les bases de la propérité!

Convaincu, par expérience, de cette grande vérité, nous avons pensé faire plaisir aux Lecteurs *Amis des Arts et du Commerce*, en leur transmettant dans cette feuille les plans et dessins de plusieurs objets d'arts, qui ont rapport à l'agriculture et à la navigation, gravés géométriquement par des premiers graveurs de Paris, *Billiet* et *Collin*.

Le premier des objets est la Sonde très-connue, pour sonder le terrain de toutes espèces à l'effet de s'assurer qu'elle sont les mines, ou matières qu'il renferme, et à quoi elles sont propres, avant de faire les déblais nécessaires à l'exploitation.

La Sonde est donc un instrument utile sous divers rapports, de manière qu'il n'y a point de propriétaire un peu considérable qui n'en ait besoin. Elle est nécessaire, non seulement pour connaître, à peu de frais, les différentes couches d'un fond de terrain et désigner à quels genres de productions il est le plus propre, mais elle sert encore à découvrir les Mines de toutes espèces; le Charbon de terre ou de pierre; la Houille et autres matières combustibles ou inflammables; les diverses carrières, la Marne, la Glaise ou autres amandemens avantageux, selon la qualité du sol; les Eaux ainsi que leur profondeur, et généralement tout ce que renferme l'intérieur de la terre.

Cette Sonde est représentée suivant la planche ci-jointe. Savoir:

Elle est composée de deux barres de fer, figures 1 et 2, d'un pouce de grosseur ou diamètre, et de six pieds de long chacune, ou deux mètres environ, qui se vissent l'une au bout de l'autre; le bout A de la figure I, porte un tenon à vis, qui entre dans la douille B de la figure 2 aussi à vis, lorsqu'on a ôté le petit bouchon également à vis C, fait pour empêcher qu'il n'entre de la terre ou poussière dans cette douille. Ces tenons à vis sont d'un pouce et demi de long, sur huit lignes de grosseur, de cette manière, il reste deux lignes d'épaisseur pour la douille, et en déduisant celle du filet de la vis qui est d'une demi-ligne, cette douille se trouvera encore d'une ligne et demie d'épaisseur; elle sera de cette manière, d'une force suffisante pour le tenon à vis, l'expérience apprenant que ce tenon cassera encore plutôt que la vis.

D Figure 1, est une pointe d'acier un peu camuse, pour percer la terre, les pierres et autres matières de l'intérieur, et lui donne environ trois pouces de long, et on la fait à quatre pans, à trois ou de telle autre forme que l'on juge à propos.

Elle porte un tenon à vis, semblable à celui **A**, de la même figure 1, et la douille dans laquelle il est vissé et semblable à celle **B**, de la figure 2.

E, est une ouverture ou rainure d'un côté, de six pouces de longueur, quatre lignes de largeur, et neuf lignes de profondeur, arrondie dans le fond, faite pour apporter une partie des différentes couches de matières qui se rencontrent successivement dans le terrain que l'on sonde. Quand ou cherche de l'Eau, on met un morceau d'*Eponge* dans cette rainure.

Le bout **F**, de la figure 2, porte un tenon à vis, pour entrer dans une autre douille, si l'on veut allonger la *Sonde*, ce que l'on fait en multipliant les barres qui se vissent pareillement les unes dans les autres, on en emploie jusqu'à coucurrence de la profondeur où l'on désire atteindre.

Pour faire usage de cette *Sonde*, on se sert d'un manche également de fer, figure 1, autrement appelé en méchanique *Lévier à deux branches*, coté **G** et **H**, de quinze pouces de longueur ou de rayon chacune; ce manche ou lévier, porte une mâchoire à charnière, cotée **I**, garnie d'une denture d'acier intérieurement, d'une ligne d'épaisseur, serrée par une vis à piton **L**, à dessein de pouvoir le placer à la hauteur qu'on juge à propos. On serre et desserre cette vis avec une petite broche de fer de six lignes de grosseur, sur huit à neuf pouces de longueur.

La figure 3, est le plan du même manche ou levier, séparé de la barre de fer, coté **G H I L**.

La figure 4, est un manche ou levier, semblable à celui ci-dessus, excepté qu'il n'a qu'une seule branche ou rayon, coté **G**. Ce dernier manche ou levier, sert à arrêter successivement la sonde quand on la retire, et à visser et devisser tant les barres qui la composent, que la pointe d'acier que l'on met au bout.

MANIÈRE de se servir de la Sonde.

C'est par le premier manche de fer ci-devant marqué, qu'on tient la sonde, et qu'on l'enfonce successivement dans le terrain, en commençant par la première barre, soit en la tournant, soit en la haussant et baissant avec force. Cette première barre étant entrée, l'on y ajoute la seconde, et ensuite d'autres à mesure, s'il en est besoin.

On retire de temps en temps la sonde, pour voir l'espèce de matière contenue dans la rainure provenant du terrain que l'on sonde. Deux hommes peuvent sonder ordinairement en moins d'un quart d'heure, à douze pieds de profondeur. Quand ils rencontrent beaucoup de pierres, l'opération est plus longue, mais il les percent sûrement en haussant et baissant cet instrument.

On a déjà fait plusieurs expériences avec cet instrument jusqu'à plus de cent pieds de profondeur, pour chercher de la mine; le nombre des barres de fer de même longueur entrantes pareillement les unes dans les autres, était seulement multiplié. Quand il y en avait un certain nombre, en les levant et les laissant retomber, en s'appuyant dessus, leur propre poids les faisait entrer à chaque fois, fort avant dans la terre, et percer même les rochers les plus durs. On avait des pointes d'acier de différentes formes pour succéder à celles qui s'usaient; on mettait même quelquefois à leur place une mèche en forme de cuillère très-coupante, dans le goût de celles dont se servent les charpentiers, et cette cuillère rapportait de la matière du fond. Le plus long de ce procédé était le devidage de toutes ces barres de fer, qu'on était obligé de réitérer souvent pour voir de degré en degré, les changemens et la nature de l'intérieur.

Quand on sonde fort avant dans un fond, ce qui le plus souvent n'est pas nécessaire pour les défrichemens, où il suffit ordinairement de connaitre l'intérieur environ à huit ou dix pieds de profondeur, il faut employer un homme ou deux de plus à cette opération, le fardeau devenant lourd, parce que chaque pied de ces barres de fer pèse trois livres, et quand on veut pénétrer encore plus loin dans la terre pour quelque découverte intéressante, l'on fait faire une machine de bois très-simple et peut coûteuse, appelée *Trueil*; c'est une sorte de roulcau percé de deux trous, qui se croissent à chaque bout, on le monte sur deux **X**, ou croix de Saint-André, et l'on y passe une corde, que l'on attache au manche de la sonde. Tous les charpentiers connaissent cette machine, dont il serait superflu de donner une plus ample explication.

L'on ne doit jamais frapper sur la sonde, soit avec un maillet ou autrement pour l'enfoncer, attendu qu'on la fausserait, et qu'elle casserait ensuite facilement. Le sieur *Lacotte*, serrurier-mécanicien à Paris, faisait des sondes en ce genre pour trois francs le pied courant; mais aujourd'hui, ou ne peut le faire qu'à quatre francs cinquante centimes.

MOYENS de fabriquer ou de faire des Sondes, et le fer qui leur est propre.

On prend, pour le faire, des barres quarrées d'un pouce de diamètre, du fer le plus doux, tel que celui du Berry, département du Cher ; on les met rougir dans le feu, et on les arrondit le plus exactement qu'il est possible à coups de marteau sur l'enclume. On fait les douilles à part, de la même manière qu'un canon de fusil, et on les tourne autour ; on les soude au bout des barres de fer avec lesquelles elles ne font plus ensuite qu'un même corps, que l'on a soin de tenir du même diamètre.

Si au lieu de faire ces douilles à part, on perçait simplement les barres de fer par le bout, ainsi qu'on forge à présent les gros canons, cela ne vaudrait rien, parce qu'on prendrait le fer dans la longueur de ses fils, qui vont comme ceux du bois, les douilles se trouveraient alors filandreuses et pleines de chambres, elles s'écarteraient ou creveraient bientôt par le mouvement et l'effort de la vis, au lieu qu'en les travaillant séparément, on place le fil du fer sur le côté, il forme autant d'anneaux qu'il a de fils, et est lié dans toute sa force.

C'est une chose essentielle que cette sonde soit très-droite pour qu'elle ne casse pas en la haussant ou baissant, et qu'on la tienne exactement arrondie, ainsi que bien unie, sans la moindre grosseur, pour que rien ne l'arrête dans la terre, où son frottement est considérable.

Enfin, d'après cette description, chacun des Lecteurs pourront facilement faire faire ces divers instrumens par tous les serruriers qui auront acquis un certain degré de perfection dans leur art respectif.

L'ECOBUE, pour défricher les Terres et la manière de s'en servir.

L'Ecobuë, cet outil tout emmanché et vu de côté, est représenté dans la même planche ci-jointe, figure 5. La figure 6, est le fer de l'Ecobuë vu de face ; elle est bien plus facile à faire que la sonde, le sieur *Gervais*, taillandier à Paris, les fesait de huit à dix livres, ou de dix à douze livres de pesanteur, suivant qu'on les lui demande pour prix et somme de six francs. C'est dans les Provinces du ci-devant *Anjou*, département de Maine et Loire, qu'on s'est servi beaucoup de cet instrument.

Cette différence doit être réglée selon la force des hommes que l'on emploie, et encore suivant la difficulté du terrain que l'on veut défricher.

C'est-à-dire, que l'on donne aux journaliers faibles, des Ecobuës moins pesantes, et qu'il en faut de plus fortes pour les terres lourdes, ou garnies soit de grandes bruyères, soit d'autres productions sauvages très-épaisses, que pour celles qui sont légères, ou peu chargées de ces sortes de productions, attendu qu'il est nécessaire de les enlever par-dessous la croûte que forment leurs racines, jusqu'à environ quatre pouces d'épaisseur.

L'on pèlera ou écobuera moins épais les terrains qui ne seront pas si remplis de racines et de productions, crainte qu'on ne pût après cela les faire brûler, parce qu'en général, la superficie de la terre ne brûle qu'autant qu'il s'y rencontre une quantité suffisante de matière végétale.

Cette proportion entre la matière végétale et la terre, est essentielle pour bien opérer le brûlis, dont tout le succès d'un défrichement dépend, et on ne saurait trop recommander la plus grande attention sur ces genres d'opérations.

Enfin, on doit aussi avoir la précaution d'examiner ou de faire examiner par un Ingénieur, ou autres artistes instruits, la situation du terrain que l'on est dans l'intention de faire cultiver, afin de s'assurer des nivèlemens, pour indiquer les endroits des rigoles ou fossés à faire, nécessaires à l'écoulement des eaux, et par où il y aurait le moins possible de déblais à faire, suivant les différentes pentes naturelles du sol que l'on aura trouvé.

NAVIGATION.
BASSIN ET PORT SAINT-NAZAIRE,
ou Extrait du Rapport fait à ce sujet au Ministre de la marine.

MESSIEURS GROLEAU et GOURY aîné, tous deux Ingénieurs des ponts et chaussées, chargés par ordre du Ministre, de l'examen du plan et projet dont il s'agit, près l'embouchure de la Loire, se sont transportés à cet endroit, en l'an 11 et 12 (1803 et 1804); et d'après leur examen fait sur les lieux, et renseignemens par eux pris à cet effet, des avis de plusieurs Officiers du Génie et de la Marine, qui les ont assistés dans leur opération, il résulte,

Que l'anse dite de *Saint-Nazaire* offre seule la possibilité d'y construire un bassin. Cette anse a sept cent cinquante toises, ou mille quatre cent quatre-vingt mètres, de longueur entre la pointe de *Saint-Nazaire* et celle de *Penhoët*, sur trois cent toises, ou cinq cent quatre-vingt-dix-neuf mètres de profondeur ou renfoncement. Les berges ou chantiers qui en forment l'enceinte, sont tantôt un terrain sablonneux, tantôt un roc ferme qui s'étend à fleur de terre dans une partie de l'anse; le reste du fond de cette anse est composé d'une couche supérieure de vase molle, trouvée d'environ huit pieds de hauteur réduite, sur un sable d'assez bonne consistance. Cette surface découvre presque toute entière à marée-basse, et couvre également toute entière aux hautes-marées, ensorte que la pente superficielle et régulière, sur la largeur de cette anse, est d'environ seize pieds, ou à-peu-près, de la différence de la haute à la basse mer moyennes. A la chûte des vasses, c'est-à-dire, à la sortie de l'anse, il existe une grande profondeur d'eau; et les vaisseaux, en sortant du bassin, se trouveraient immédiatement dans la rade de Mindin, la seule dont le mouillage puisse offrir quelque sûreté.

Le bassin construit dans l'anse de *Saint-Nazaire* se trouverait à l'abri des vents d'ouest, sud-ouest, de sud et sud-est, par la ville et les rochers, dont la masse prolongée vers le sud-est, forme un promontoire éminent et protecteur. Le projet adapté à cette localité, consistera:

1°. A construire dans le fond de l'anse un nouveau bassin, ou formé en maçonnerie, pour la construction et le radoub des vaisseaux de 74. Les plus grandes marées ne s'élevant à *Saint-Nazaire* que de dix-huit pieds, et le radier du bassin ne pouvant être au-dessous des plus basses eaux, il s'ensuit qu'on ne pourra guère y recevoir que des vaisseaux sans lest, ou du moins sans armement; et que leurs mouvemens, pour l'entrée et la sortie du bassin, ne pourront s'effectuer que dans les marées d'équinoxe ou dans les marées de pleine et nouvelle lune, gonflées par le vent du large.

Dans tous les cas, nous projetons de donner à chaque bassin cent quatre-vingt pieds de longueur, depuis la plate-forme du seuil, jusques et compris la dernière banquette du fond; soixante-six pieds de largeur dans le haut, et vingt - quatre pieds de hauteur depuis le dessus du radier jusqu'au couronnement supérieur.

L'entrée sera fermée par une porte busquée, de quarante-quatre pieds de passage, dont le seuil se trouvera d'environ cinq pieds plus élevé que le niveau des basses marées d'équinoxe, et de trois pieds six pouces au-dessus des basses marées moyennes de vives eaux; ensorte qu'il y ait quinze pieds six pouces de hauteur d'eau, mesurée sur ledit seuil aux hautes marées d'équinoxe, et treize pieds six pouces aux grandes marées ordinaires. Le fond de la cunette; ou rigole des tins, sera de trois pieds en contrebas du seuil, c'est-à-dire, de six pouces au-dessus du niveau des basses marées moyennes de vives eaux, et de deux pieds au-dessus des basses marées d'équinoxe. Enfin, il y aura une pente en longueur d'environ six pouces, depuis le haut du radier jusqu'au seuil; lequel radier sera terminé à sa superficie par un arc de cercle renversé. Du reste, on y pratiquera les aqueducs, puissarts, pompes, mantelets, et autres accessoires usités dans ce genre de construction. Les fondations du bassin seront établies sur le roc, lorsqu'il sera rencontré à profondeur requise; mais lorsqu'il se trouvera inférieur au niveau

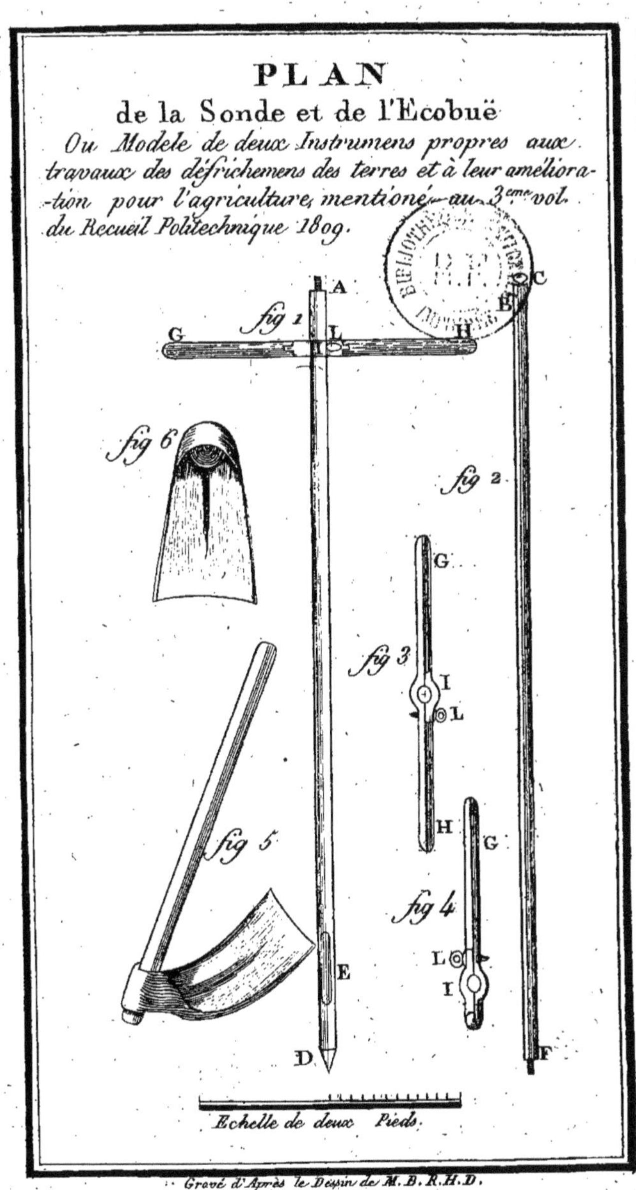

PLAN
de la Sonde et de l'Ecobuë
Ou Modele de deux Instrumens propres aux travaux des défrichemens des terres et à leur amélioration pour l'agriculture, mentioné au 3.cme vol. du Recueil Politechnique 1809.
fig 1
fig 2
fig 3
fig 4
fig 5
fig 6
A
G
L
H
C
E
D
E
F
G
I
L
H
G
L
I
Echelle de deux Pieds.
Gravé d'Après le Dessin de M.B.R.H.D.

(5)

ordinaire des fondations, on draguera les sables jusqu'au roc, pourvu que la couche sablon-neuse ait moins de six pieds d'épaisseur, afin de remplir cet intervalle par un massif de maçon-nerie de moëlon. Au-delà de cette profondeur, ou fonderait sur pilotis, parce que ses eaux ne permettraient pas de plus fortes excavations.

2°. A faire un chenal qui serve de passage depuis la rade jusqu'au bassin : ce chenal aura environ cent cinquante toises de longueur sur cent vingt pieds de largeur, et sera formé par deux jetées, fondées sur enrochement ou pierres perdues, dont le tassement aurait été suffi-samment éprouvé. Le lit sera ensuite creusé, en draguant les vases actuelles.

3°. A faire une autre jetée, ou môle, qui sera établi sur la chaîne de rochers, dirigée au sud-est de *Saint-Nazaire*, à l'effet d'abriter l'anse et de favoriser l'abordage des petites em-barcations.

4°. A construire un mur de quai en retour de la jetée de l'est, à la chûte des vases, afin d'y faire approcher les vaisseaux de bord-à-quai, et de les y maintenir à flot, obligera sans doute de fonder ce mur sur pilotis, et probablement d'en construire une partie par encaissement.

5°. A établir des corps-morts, ou ancres fixes, dans la partie de la rade de *Mindin*, marquée C, qui nous a paru la plus favorable au mouillage. Il sera pareillement établi des corps-morts dans l'endroit de la bonne anse, marquée C, pour le cas seulement où les vaisseaux sortis de la rade ou bien venant en radoub, seraient surpris par le jusant ou contrariés par les vents.

Quant aux chameaux proposés pour alléger les vaisseaux, à l'effet de leur procurer le moyen de franchir la passe ou traverse, nous ne les croyons pas nécessaires.

Il faut entrevoir d'avance les grandes difficultés qu'on rencontrera dans l'exécution des ou-vrages dépendans de ce dernier projet, sur-tout à l'égard des remblais nécessaires à l'établisse-ment des chantiers pour le dépôt et la main-d'œuvre des bois de construction, la côte étant dans cette partie très-basse et de si faible consistance en général, qu'il serait imprudent de l'entamer par des fouilles. Ces remblais ne pourraient donc être cherchés qu'au loin, comme tous les matériaux. On pressent même la nécessité d'entretenir le nouveau chenal par un cure-ment annuel, inconvénient, il est vrai, commun à tous les ports de l'Océan.

Enfin, malgré tous ces inconvéniens, nous reconnaissons du moins la possibilité d'exécuter dans l'anse de *Saint-Nazaire*, mais à très-grands frais, les projets du Gouvernement, tandis que la bonne-anse et la pointe de *Mindin* s'y refusent absolument.

Nous avons aussi reconnu pendant notre visite, la possibilité d'établir à *Paimbœuf*, des chantiers de construction pour quatre ou cinq Frégates, et même à peu de frais. La localité présente toutes les commodités nécessaires à cet établissement ; et c'est le cas de l'avouer, nous ne pouvons comprendr- par quels motifs louables de préférence on s'est déterminé à placer des chantiers semblables au lieu nommé la *Basse-Indre*, vis-à-vis l'île d'*Indret*, à deux lieues au-dessous de *Nantes*. Il est nécessaire, quand on lance à l'eau les grandes Frégates, de les soutenir avec un appareil de tonneaux et de mâtures, pour les descendre jusqu'à *Paimbœuf*, six lieues plus loin. Cette main-d'œuvre coûte au Gouvernement plus de trente mille francs en pure perte, et les Frégates sont plus fatiguées par ce trajet que par un voyage de long cours, indépendamment des risques qu'elles y courent évidemment, de toucher sur les hauts-fonds.

Nota. On verra sur le plan les dispositions principales et l'ensemble du projet auquel nous avons cru devoir nous arrêter. Nous n'avons pas osé nous occuper de sa rédaction définitive, avant de soumettre nos premières idées à l'examen du Ministre de la Marine, sur un objet d'aussi haute importance.

Nous terminerons ce rapport par un état aperçu des dépenses qu'entraînerait l'exécution du projet de bassin pour deux Vaisseaux de 74 canons, dans l'anse de *Saint-Nazaire*.

État estimatif, par aperçu, des ouvrages à faire pour l'établissement d'un bassin destiné à la construction de deux vaisseaux de 74 canons, placé dans l'anse de Saint-Nazaire, près l'embouchure de la Loire.

Déblais présumés en roc. Les déblais en roc, pour l'emplacement du bassin et partie du chenal, produisent 4,000 toises cubes, qui, à raison de 18 francs la toise pour fouille et transport, eu égard au peu de tems qu'on pourra employer à ce travail, à cause des marées et des épuisemens d'eau, et non compris lesdits épuisemens, montant à la somme de . . . .   72.000 f.

Déblais en vases et sables. Les déblais en vases et sables, pour la formation du

D'autre part. . . . 72,000 f.

chenal, produisant environ 9,000 toises cubes, qui, à raison de 10 francs la toise, compris transport; montent à . . . . 90,000 f.

Moëlons pour les enrochemens. Les jettées en pierre perdue, sur lesquelles seront établis les glacis de l'enceinte des rochers au-devant de *Saint-Nazaire*, les levées ou jetées bordant le canal du bassin, et celle qui terminera les remblais au nord dudit bassin produisent ensemble 12.000 toises cubes, qui, à raison de 20 francs la toise pour extraction, charges dans les bateaux, transports, décharge et main-d'œuvre, eu égard à l'inconstance des vents, aux marées et aux mauvais tems, qui occasionnent souvent des retards, montent à . . . . 240,000 f.

Maçonnerie brute. Celles au-dessus desdits enrochemens, pour la platte-forme de la mâture, et pour la construction du bassin, produisent ensemble 24,100 toises cubes, à raison de 72 f. la toise, compris les fournitures, transports, et main-d'œuvre. 1,735,200 f.

Paremens en pierre de taille. Les revêtemens en pierre de taille des murs, banquettes et plafond du bassin, pour les jetées du canal contigu, pour la platte-forme de la mâture et pour les glacis de l'enceinte des rochers au-devant de *Saint-Nazaire*, produisent 8,260 toises quarrées, qui, à raison de 150 francs la toise, montent à . . 1,239,000 f.

Remblais. Celui autour du bassin, celui au sud du chenal, pour le placement des chantiers et ateliers, ainsi qu'aux abords de *Saint-Nazaire*, produisent, déduction faite du déblai de l'emplacement du bassin et de son canal, qui sera susceptible d'être employé en remblais, la quantité de 30,000 toises cubes, lesquelles, à raison de 10 f. la toise, montent à . . . . 300,000 f.

Portes des bassins. Les deux portes busquées, avec leurs dépendances et accessoires relalifs à la fermeture des bassins, sont estimées . . . . 20,000 f.

Faux-frais. On ne peut estimer, même à-peu-près, les épuissemens d'eau pendant le cours de l'ouvrage, attendu que les différentes machines nécessaires à ces épuisemens, pourront être détruites par les flots, à plusieurs reprises, etc., etc. On suppose qu'ils pourront coûter . . . . 100,000 f.

Il y a peu de maisons à *Saint-Nazaire*; ces maisons ne contenant que le simple logement des propriétaires, il faudra nécessairement construire des baraques pour loger les ouvriers; ce qu'on estime . . . . 10,000 f.

Enfin, on estime qu'il convient d'assigner une somme de 193,800 francs, pour les édifices des différens ateliers et machines hydrauliques, les engins, bateaux, conduite des ouvrages, accidens et cas imprévus . . . . 193,800 f.

TOTAL . . . . 4,000,000 f.

A Nantes, le 9 thermidor an 11. Signé, GROLEAU, G. GOURY aîné.

P. S. La rade de *Mindin* se divise en trois parties; une de ces parties ayant pour limites approximatives le contour *ponctué* et *coté* a b c f du plan général, est connu sous le nom du *Petit mouillage*. C'est le mouillage habituel du bâtiment stationnaire, le plus commode sans doute pour l'approche des navires de commerce, c'est aussi leur mouillage ordinaire. Il y a généralement dans cette partie, de vingt-quatre à vingt-cinq pieds d'eau, à la basse-mer de vives eaux. Le fond est une vase plus ou moins molle, presque toujours mêlée d'un peu de sable fin. La sonde y est entrée, de son propre poids, depuis cinq jusqu'à douze pieds de profondeur. A la *Côte-Rouge*, trente-quatre pieds, particulièrement dans la direction du fort de *Mindin* à la *Ville-Hulluard*, elle s'est enfoncée d'environ vingt pieds, s'arrêtant ensuite sur un lit de sable ferme.

Nota. Dans un rapport particulier fait à ce sujet par M. *Goury*, le 29 vendémiaire an 12, daté de *Nantes*, cet Ingénieur dit, qu'une autre partie de la rade, circonscrite par les lignes c f g m n du plan général gravé ci-joint, est connue sous le nom du *mouillage des Frégates*. Il y a depuis vingt jusqu'à trente-deux pieds d'eau à la basse-mer. Le fond est une vase assez ferme, mêlée de sable plus ou moins fin. La sonde y est entrée de quatre à dix pieds de profondeur, sans qu'on ait eu besoin de la tourner. Ce fond est communément celui qu'on appelle sable-vasard; il présente de la consistance. Cependant, au premier apperçu, si l'on ne consultait que le plomb de sonde, on jugerait le fond purement sablonneux; mais nous avons reconnu, comme on voit, que le sable pur n'était que superficiel. Cette variété doit provenir de l'agitation des dunes éparses sur la rive de *Mindin*.

La troisième partie de la rade comprise entre *a f g k* du plan, où se trouve la passe des navires, a depuis vingt-huit jusqu'à quarante pieds de hauteur d'eau à la basse-mer. Le fond est une vase très-compacte, ressemblant à de l'argile; la sonde y est entrée de quatre à six pieds de profondeur. Les navires ne mouillent point dans cette partie. Les courans y sont forts; ce qui tourmenterait le mouillage, et le rendrait même dangereux dans le temps des glaces. Nous pensons que c'est là l'unique motif qui empêche d'y établir un ancrage; car la tenue s'y trouve excellente, et même à distance convenable des rochers de *Saint-Nazaire*.

De tout ce que nous avons observé plus haut, et de la connaissance particulière que nous avons acquise des localités, nous croyons pouvoir conclure, que la meilleure des trois parties désignées de la rade de *Mindin*, est celle qu'on nomme le *mouillage des Frégates*; que le mouillage en est suffisant, et l'ancrage assez bon pour la tenue de deux ou trois Vaisseaux de 74 canons au plus, sur-tout au moyen des corps-morts et des précautions suggérées par des connaissances pratiques de la Marine.

OBSERVATIONS sur l'utilité de ces mêmes Ports.

La *Loire*, qui est un des quatre principaux fleuves de l'Empire, parcoure environ deux cents lieues de pays, qui peut être mis au rang des plus riches et des plus beaux du territoire Français. Elle prend sa source sur les frontières du département de l'*Ardèche*, dans le *Vivarais*, et reçoit dans son cours plus de trente-huit rivières, dont une grande partie son navigables. Le *Loir*, la *Sarthe*, la *Mayenne*, le *Maine*, le *Cher*, la *Vienne*, la *Creuse*, le canal de *Digoin*, qui communique à la *Somme* et au *Rhône*, ceux de *Briarre* et d'*Orléans*, à la *Seine* et l'*Yonne*.

La *Loire* parcoure le territoire des départemens de la *Haute-Loire*, du *Rhône et Loire*, de la *Nièvre*, du *Loiret*, de *Loire et Cher*, de *Maine et Loire* et de la *Loire-Inférieure*, et se jette ensuite dans l'*Océan* au-dessous de *Saint-Nazaire*; après avoir passé *Rouenne*, *Orléans*, *Blois*, *Tours*, *Saumure*, le *Pont-de-Cé*, près *Angers*, *Nantes* et *Painbœuf* en *Bretagne*, où de grands travaux publics de toutes espèces sont commencés et en partie exécutés, par ordre de S. M., et entr'autres les canaux de *Nantes* à *Brest*, l'*Orient* et *Saint-Malo*, par *Redon*, *Rennes*, *Napoléon-Ville*, ci-devant *Pontivy*, etc.

Enfin, la *Loire*, qui est, comme on vient de l'observer, l'un des principaux fleuves de France, et aussi le seule peut-être auquel il manque un bassin maritime; la *Seine*, est servie par les superbes du *Havre-de-Grâce* et d'*Honfleur*; le *Rhône*, par ceux de *Marseille*; la *Garonne*, et la *Gironde*, par ceux de la *Rochelle* et *Rochefort*, qui communiquent de l'*Océan* à la *Méditerranée*, par le sublime canal du *Languedoc*, fait par le célèbre *Riquet-de-Caramand*, et l'ingénieur *Andréossy*; le *Rhin*, la *Meuse*, et la *Moselle*, par tous ceux de la *Hollande*; l'*Escaut*, par ceux d'*Anvers*, etc. etc.

Il est donc à n'en pas douter qu'un Bassin de grande Navigation serait, sans contredit, un des plus important et des plus utile à établir sur les bords de l'*Océan*, aux environs de l'embouchure de la *Loire*, où ce fleuve se perd; et il est à présumer que ce projet, depuis long-temps médité par des Ingénieurs instruits, aura tôt ou tard son exécution, pour la facilité et sûreté de la grande Navigation de ce grand fleuve avec l'*Océan*.

CANAUX ET PORTS PROJETÉS
Du golfe de Venise à ceux de Gênes et de Lion.

Deux Ports ou Bassins maritimes, de grande Navigation et un Canal à confectionner, pour faciliter et accélérer le commerce général de l'Empire Français et autres Etats qui l'environnent serait; 1°. *un Bassin* maritime à l'embouchure du *Pô* au *golfe de Venise*; 2°. *idem* à *Chivari* ou à *Gênes*, au golfe de ce nom; 3°. *un Canal de navigation* qui communiquera de ces deux Bassins à celui de *Marseille*, par le golfe de *Lion*, au moyen de la jonction du *Pô*, avec la *Durance*, par les *Alpes*, le *Tanaro* et le *Taro*. Ce Canal projetté est peut-être aussi sublime, et aussi vastes dans son ensemble, que nécessaire et utile pour le Commerce et la Navigation de tout l'intérieur de la France, et le plus hardi qui n'ait été proposé à exécuter depuis plusieurs siècles.

Les lecteurs qui voudront se convaincre de cette vérité, n'ont qu'à jeter un coup—d'œil sur la carte géométrique des endroits ci—après indiqués, il se persuaderont facilement de la grande importance et de ces avantages qui résulterait de sa confection.

Ce Canal dont les points de partage pourront être établis soit à *Bardi* à *Tortonne*, à *Taro* ou *Roblio*, départemens de *Génes* et *Taro*, pour la jonction du *Bassin de Genes ou Chivari au Pô*, d'une part et de l'autre, un point de partage projeté entre *Barcelonette* et *Coni*, départemens des *Basses-Alpes* et de la *Stura*.

Mais en se bornant seulement au premier point de partage, ci—dessus cité, où coule dans tous ces environs plusieurs petites rivières, qui pourront servir à alimenter les Bassins et deux écluses dont on a besoin pour cette partie de canal, qui, pour joindre d'un côté la mer, soit comme nous l'avons observé, à *Chivari*, chef lieu du département des *Apennin*, par la *Spécia* ou à *Génes*, de l'autre côté, ce même canal passerait à *Plaisance*, à *Crémone*, à *Casal*, à *Custalle*, à *Révéré*, à *Ferrare*, sur le *Pô*, et joindre la mer au *golfe de Venise*, ce qui raccourcit la navigation de tous les Départemens des côtes du Levant et du golfe de *Lion*, à ceux de *Venise* et *Génes*, de plus de trois cents lieues, tandis que le Canal à faire, dont il s'agit, à peine en aurait-il cent dans toute sa longueur et cinquante dans cette partie.

Nous bornerons donc à soumettre cette simple idée à nos lecteurs, sur l'objet dont il s'agit, espérant que des Ingénieurs aussi habiles qu'instruits, s'occuperont un jour de ce vaste établissement, et en donneront une analyse plus détaillée, pour démontrer les avantages et l'utilité de sa confection.

CANAUX des environs de Paris.

En 1723, M. Boisson, ingénieur, fit imprimer un mémoire où il proposait de faire autour de *Paris* un canal de deux mille deux cents toises ou quatre mille cent mètres environ; depuis le *Roule* jusqu'au *Pont—aux—Choux*, et aux fossés de l'Arsenal, qu'il remplirait avec dix machines hydrauliques.

Le modèle qu'il en fit faire fut trouvé bon, et approuvé, mais ne fut point exécuté.

En 1658. MM. *Petit* et *Noblet* proposèrent à l'assemblée de l'Hôtel—de—Ville d'ouvrir un canal qui irait depuis la pointe du bastion de l'Arsenal, en tirant vers le nord, jusqu'au—dessous de *Paris*, entre *Saint—Denis* et *Saint—Ouen*. M. Forger a renouvelé ce projet.

En 1724; M. *Leroi*, comte de *Jumelles*, proposa la construction d'un canal de communication de *Paris* à la rivière d'*Oise*, près de l'*Isle—Adam*. M. *Daudet* fit imprimer un mémoire sur la construction de ce canal, sous le nom de canal de *Bourbon*; on en reconnut la possibilité; mais la dépense de l'entreprise fit refuser les lettres—patentes demandées pour cet objet. Ce projet, inventé depuis plusieurs siècles, a été renouvellé en 1741, par M. *Croiset;* mais, comme il y a trois cent soixante—trois pieds de chûte, depuis la cour de Marbre du château de Versailles, jusqu'à la rivière, prise à Sèvres, il aurait fallu un si grand nombre d'écluses, qu'on ne fut pas tenté de l'adopter, quoique la dépence ne fût évaluée qu'à 608,000 livres.

En 1789 et 1791, M. *Frere de Montizon*, ingénieur, associé à M. *Hoüard*, entrepreneur, proposa de faire un canal de *Saint-Maur* à *Grénelle*, au—dessus de *Charenton—sur—Marne*, près *Paris*, que S. M. a fait exécuter en 1809, 1810 et années suivantes.

M. de *Montizon* proposa également de faire deux autres canaux sur la même rivière, l'un de *Chaliser* à *Esbly*, au—dessus de *Lagny*, et l'autre de *Trilport* aux *Deux—Hameaux* au—dessus de *Meaux*, en *Brie*.

Ces trois canaux contiendraient ensemble une longueur de deux lieues, et raccourciraient la navigation de la *Marne*, de plus de dix.

En 1791, M. *Gencis*, ingénieur, proposa de faire un canal d'*Argenteuil* à *Sartrouville-sur—Seine*, pour, d'un côté, raccourcir la navigation de cinq à six lieues, et de l'autre, pour éviter le passage dangereux, *dit le Trou—de—la—Morue*. MM. *Boutidour*, député à l'Assemblée Constituante, et *Hoüard*, entrepreneur, furent avec l'auteur examiner la situation du terrain, et le projet leur parut facile à exécuter.

Sous Louis XIV, MM. *Devauban* et *Hayer* furent chargés du projet de faire conduire par un canal particulier, une partie des eaux de la rivière d'Eure à Versailles; plus de 20 millions de travaux ont été entrepris et partie exécutés à ce sujet; enfin, on trouve dans le traité des canaux par M. *Delalande*, une infinité d'autres projets de ce genre, qui y sont plus amplement détaillés. *Un vol. in—folio.* FIN.

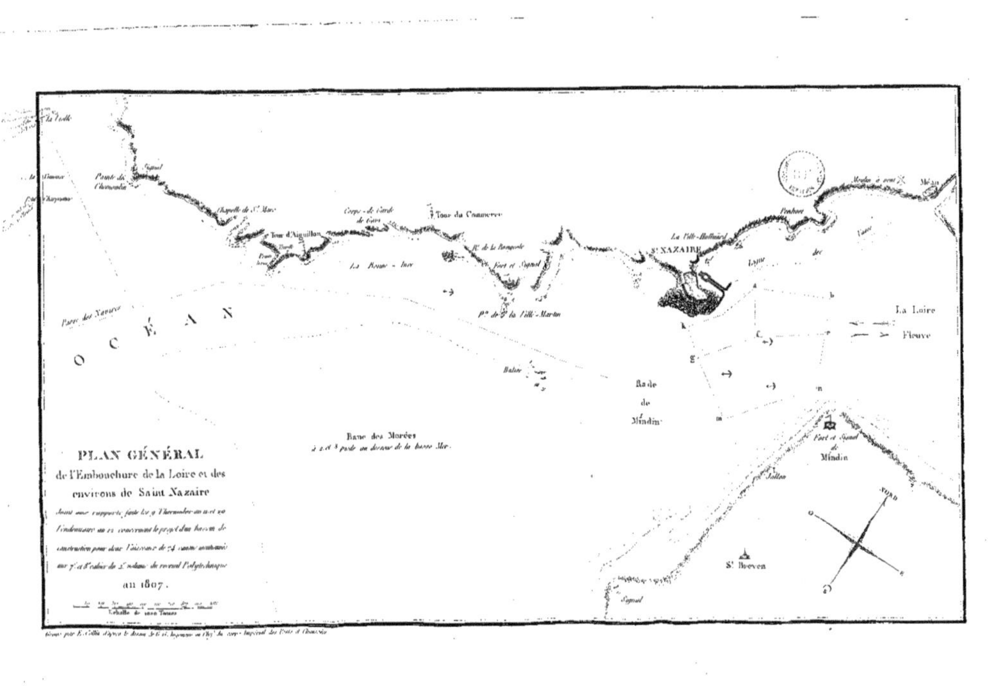

PLAN GÉNÉRAL
de l'Embouchure de la Loire et des
environs de Saint Nazaire
d'après une rapports faite le 9 Thermidor an 11 et 12
l'ordonnance en ce concernant le projet d'un bassin de
construction pour deux vaisseaux de 74 canons contenus
aux 7.e et 8.e cahier de 5 volume du recueil Polytechnique
an 1807.
Échelle de 1000 Toises

Gravé par E. Collin d'après le dessin de G. et Imprimé au Dép.t du corp. Impérial des Ponts et Chaussées

PLANS DIVERS

DES

EMBELLISSEMENTS DE PARIS,

ET

Des moyens qu'il conviendrait d'employer pour y améliorer la salubrité *, de même que pour y faciliter le commerce de son intérieur ; d'après un ancien Chef d'escadre des armées navales et un Architecte Géomètre du Gouvernement français.*

Le 28 juin 1791, l'architecte ci-devant cité, l'un des éditeurs de cette feuille, a présenté à l'Assemblée du Point central des Arts et Métiers (1), divers plans d'utilité publique à exécuter dans les divers départemens de la France, et entre autres ceux ci-après cités dans l'intérieur de la *capitale,* auxquels cette même assemblée a donne son approbation.

Ces plans avaient pour but : 1° De rendre le bras de la Seine, dit de l'Ile-Louviers, navigable ;

2° De faire les réparations des ports, et paver les parties nécessaires, ainsi que plusieurs nouvelles rues ;

3° De continuer les démolitions, pour la formation des nouveaux quais, et les dégagemens, des ponts (*maintenant exécutés*);

4° De disposer plusieurs maisons de *communautés* réformées, de manière à pouvoir recevoir les malades de l'Hôtel-Dieu, pour qu'ensuite on puisse supprimer les bâtiments de cette ancienne institution *hospitalière,* qui est sur le bord de la Seine, de manière à pouvoir établir en place des quais ou ports nécessaires au commerce de ce quartier ;

5° De supprimer également le pont dit *Saint-Charles* ;

6° De rétablir à neuf ceux dits aux *Doubles, Saint-Michel* et celui dit le *Petit-Pont,* de chacun une seule arche, et enfin de faire les travaux nécessaires pour que ce *bras de la Seine* soit navigable en toute saison de l'année (2) ;

7° De réunir les *trois îles* existantes actuellement dans cette vaste cité, en une *seule* en faisant les déblais et remblais, pour qu'à l'avenir la navigation du port de la Rapée soit en ligne directe avec le quai d'Anjou, au pont de la Tournelle, le tout tel qu'il est plus amplement désigné à l'article du quartier des Célestins, cité page 17, au cahier précédent, qui a pour titre, *Moyens d'améliorer le commerce, etc.* ;

8° De bâtir un pont vis-à-vis le boulevard du Jardin des Plantes (maintenant *établi*) ;

9° Faire la route de l'Ecole-Militaire à la verrerie de Sèvres, par la plaine de Grenelle ;

10° Former une place de commerce sur l'emplacement du château et prison d'état, dit ci-devant Bastille ;

---

(1) Tenant ses séances à cette époque à Paris, rue du Théâtre-Français, dit *Odéon* ; puis au Sépulcre, rue Saint-Denis, maintenant hôtel *Batave* ; puis enfin au Louvre, salle de l'*Infante.*

(2) En 1768, M. de *Parcieux* proposa, dans un mémoire présenté à l'Académie, les mêmes plans pour le rétablissement de ces mêmes ponts, en creusant également le bras de rivière du *quai des Augustins.*

11° *idem.* Le canal de Saint-Maur a Gravelle-sur-Marne, près Paris (*maintenant formé*).

Enfin, le même éditeur a également proposé l'établissement de plusieurs canaux, routes, ponts et chaussées, plantations de bois et forêts, ainsi que divers autres objets d'utilité générale, dont parties ont été, depuis cette époque, confectionnées dans l'intérieur de ce *grand état Européen*, et qu'il a successivement renouvelé en 1804, 1807 et années suivantes, ainsi que dans les divers cahiers du Recueil polytechnique, qui forme deux vol. in-4° avec gravures, déposé à la Bibliothèque du Roi.

Dans ce *Recueil*, le même éditeur expose de nouveau la nécessité de faire les travaux nécessaires : 1° ceux pour rendre le bras de l'île Louviers navigable en toute saison de l'année, et de le réunir avec celui dit Notre-Dame-Saint-Louis; 2° de faire un *pont* d'une seule arche à la pointe de cette même île, au boulevard Bourdon, de manière à établir une communication directe du port de la Rapée au centre de cette grande ville, en réunissant toutes ces îles actuelles en *une seule.*

Enfin, tous ces articles, réimprimés séparément, même format, avec le plan général de Paris et sa banlieue, côté de l'ouest, ainsi que celui du canal de l'Ourcq, de même que plusieurs autres objets d'art de première utilité publique, le tout gravé géométriquement, ont été déposés, en 1821, aux bureaux du ministère de l'intérieur, où il est observé : 1° Que ces plans, étant ainsi exécutés, procureraient de vastes et *précieux emplacements*, d'une superficie de plus de 41,000 mètres de terrain disponible, duquel on pourrait tirer un grand produit, outre les parties que contient maintenant l'*île Louviers*, ainsi que le *bras* qui la sépare actuellement de celui dit Notre-Dame Saint-Louis, évalués ensemble à plus de 80,000 mètres ou 22,000 toises, qui, à raison de 400 fr., produiraient un capital de *huit millions huit cent mille fr.*, où l'on pourrait, suivant un *plan régulier* adopté, *bâtir* et former plusieurs nouvelles *rues*, *places et quais*, propres à toute espèce d'*établissements* d'utilité publique et particulière;

2° Que les principaux *travaux* à faire consisteraient en ouvrages d'art de 300 toises environ, pour les murs des quais à établir, outre les *déblais* et *remblais* de terrassements que cela pourrait susciter, *estimés* en *dépenses* présumées à *cinq millions cinq cent mille fr.* : bénéfice net, *deux millions trois cent mille fr.*;

3° Que tous ces objets étant ainsi entrepris, ils procureraient des *travaux* à des milliers de personnes de tous états et professions, ainsi que des *moyens d'existence* à chacun, outre les *améliorations* que cela produirait au *commerce* de tous les habitants de ces mêmes quartiers du *centre de la capitale.*

Enfin, cette grande partie des *embellissements de Paris* étant ainsi terminée, on pourrait former, où est maintenant le *pont de la Cité*, une superbe *place*, déjà projetée en 1787, par M. *de Bory*, chef d'escadre des armées navales, avec un *monument* au milieu, et la nommer *Place Louis XVI*, en reconnaissance des dispositions que ce vertueux monarque a fait faire, en 1785, 1786, 1787, 1788, 1790, pour la confection des nouveaux établissements et embellissements de la capitale, qui ont été en partie entrepris et perfectionnés au commencement du dix-neuvième siècle.

PRÉCIS

D'une partie des plans proposés pour les embellissements de Paris, par le chevalier DE BORY, chef d'escadre des armées navales, et ancien gouverneur de Saint-Domingue.

Les circonstances du même siècle, à quatre ans près, ont voulu que *deux artistes* qui ne se sont jamais vu ni connu, ni eu aucune relation de correspondance, se soient

occupés des mêmes idées, des mêmes pensées, des mêmes moyens et du même plan, relativement aux mêmes objets pour ce qui concerne les embellissements et établissements
d'utilité publique de la même ville, ainsi qu'il va être ci après démontré à l'égard de la
capitale de la France.

Une *petite brochure* de 32 pages, avec gravures, imprimée format in-8°, en 1787, à Paris,
chez Philippe-Denis *Pierre*, imprimeur du Roi, ayant pour titre : *Mémoire sur les
agrandissements de Paris*, par M. *de Bory*, ci-devant cité.

Ce Mémoire, qui est précédé d'un discours préliminaire, commence par s'exprimer ainsi :

„ « *Une ville immense*, dit-il, située dans une plaine agréable, traversée par un grand fleuve, habitée
„ par un peuple nombreux, renfermant dans son sein des vestiges d'antiquité et toutes les recherches de
„ l'art, tel est le spectacle magnifique qui s'offre aux yeux d'un étranger qui arrive à Paris : devenu
„ habitant, il ne tarde pas à s'apercevoir de la sagesse et de la prévoyance d'une administration qui lui
„ procure une nourriture abondante et délicieuse ; il juge en même temps que rien ne doit être mieux
„ combiné et plus fécond que les ressorts d'une police sous la protection de laquelle il jouit de la plus
„ grande tranquillité et d'une sûreté parfaite.

„ Quelque part qu'il soit, à toutes les heures du jour et de la nuit, le *citoyen observateur et philosophe*
„ admire les ressorts *secrets* que M. de *Fontenelle* comparait, dans l'Éloge de M. *d'Argenson*, à ceux qui
„ font mouvoir le *ciel*, comparaison jugée neuve et encore plus vraie de nos jours, que ces ressorts ont
„ acquis un degré de perfection dont on ne les aurait peut-être pas cru susceptibles.

„ M. de Bory dit, *page VII* de son *discours* préliminaire, que M. *de Parcieux* réclamait en 1764, pour
„ la rivière, le *terrain* que l'on a pris sur elle pour faire le quai de *Grève* et les *arches* du pont Notre-Dame
„ qui, dans l'état actuel, ne servent point à faire passer les eaux ; que si on le lui rendait, ce pont et celui au
„ Change seraient suffisants pour donner *passage à toutes les eaux de la Seine*, observant que M. *de Parcieux*
„ propose également *d'élargir son lit*, à l'endroit même de ces ponts, lorsqu'il sera question de les
„ reconstruire.

„ Enfin, dit M. de Bory, cet *ingénieur* célèbre était animé du même zèle, lorsqu'il proposait de faire
„ venir à Paris les eaux de l'*Yvette*, pour fournir à un de ces premiers besoins, qui n'est pas encore satisfait,
„ disant qu'à l'égard de ces mêmes eaux, il *faut que tôt ou tard* on revienne au projet de l'excellent citoyen
„ déja nommé ; (*MM. Defer et Gauthe, ingénieurs, ont renouvelé ce plan en 1782, 1784, 1786 et 1802*).

„ Paris, dit-il page 4, semble trop petit à ses habitants ; une fermentation rapide les jette hors
„ de son enceinte, et, pour ainsi dire, hors d'eux-mêmes : le *luxe* s'est emparé de tous les états ; chacun
„ veut-être *logé plus grandement, plus magnifiquement et surtout plus commodément et plus sainement*, et il
„ faut avouer que ce genre de *luxe* est fort raisonnable. On allonge, dit-il, les faubourgs, et on y élève
„ à grands frais des édifices qui contribueront sans doute à les embellir ; mais ne doit-on pas craindre
„ qu'en augmentant ainsi les distances, on ne rende les communications trop difficiles sans en reculer
„ les limites : je lui offre, dit M. de Bory, un *terrain précieux* dont elle ne se doute pas.

„ Je propose de *combler* les bras de la Seine, depuis la pointe de l'île Saint-Louis jusqu'au-dessous
„ du Pont-Neuf, vis-à-vis du pavillon du collège des Quatre-Nations, le plus près du Pont-Royal,
„ de manière que Notre-Dame (*dit la Cité*), ne ferait plus dorénavant qu'un même continent avec
„ la partie de Paris qui est sur la gauche de la Seine.

„ Peut-être faudrait-il mieux, dit-il, faire couler la rivière dans le bras qui passe sous le Pont-
„ *Rouge*, parce qu'il paraît que c'est son courant naturel ; alors on *joindrait ensemble les îles Saint-
„ Louis et Louviers*, qui ne feraient plus qu'un continent avec la partie opposée.

„ « Enfin, M. de Bory, après tous les rapports et les objection faites sur ces différens plans et projets
„ dont il s'agit, se résume à réunir les îles *Louviers* et *Notre-Dame Saint-Louis* au quartier Saint-Paul,
„ et *la Cité* à la partie du centre du midi de Paris, en faisant passer toutes les eaux de la
„ *Seine* au Pont-Rouge (dit maintenant *de la Cité*).

Nous ajouterons qu'il faudrait aussi établir un nouvel ordre administratif pour le garement des bateaux
marchands qui encombrent annuellement la rivière de Seine et gênent considérablement le service de sa
navigation dans l'intérieur de cette capitale, de manière qu'à l'avenir tous ces bateaux de charbons et autres ne puissent être conduits à bord de ce port qu'à fur et mesure de leur chargement, qui serait fixé relativement aux débit et vente des objets qu'ils contiendraient, et qu'en attendant il leur soit désigné des
emplacements pour s'y garer légalement, afin qu'ils ne se gênent ni les uns ni les autres pour leur service
respectif, suivant l'ordre et droit d'arrivage de chacun.

Avantages de l'exécution de ce même plan, suivant M. DE BORY.

1°. La ville, dit M. de Bory, serait déchargée de la visite et de l'entretien du pont de la Tournelle, du Petit-Pont, du pont Saint-Michel et d'une partie du Pont-Neuf; elle pourra *démolir ces ponts* et en *vendre les démolitions*, elle vendra aussi celles des quais qui seront supprimés (1).

,, 2° Par cette opération, on remettra dans la ville un courant d'*air* que les maisons bâties
,, sur les ponts arrêtent (2).

,, 3° Il propose de former une gare à la pointe de l'île Louviers.

,, 4° De faire passer un filet d'eau dans les *latrines* de l'Hôtel-Dieu, pour les nettoyer sans cesse
,, avec un égoût qui irait joindre celui de la rue Guénégaud.

,, 5° D'élargir toutes les rues de la Cité, afin que l'*air* y entre plus facilement, et faciliter les
,, moyens de sa communication pour ses habitants.

,, 6° De supprimer tous les bâtiments existant sur les bords de la Seine, et d'y former de chaque
,, côté de vastes quais (3).

« 7° M. *de Parcieux*, dit-il, a observé que les arches du Petit-Pont, du pont de Saint-Charles
,, et du pont Saint-Michel, n'étaient pas les unes vis-à-vis les autres et que, par conséquent, le courant
,, de la rivière n'y était pas direct, ce qui causait quelquefois des accidents fréquents aux *bateaux* et
,, surtout aux *trains de bois*, qui allaient se *briser* contre les *piles* de leurs *arches*.

Il dit également que ce célèbre ingénieur a renouvelé le plan d'un *canal de Gournay* sur-Marne, à Saint-Denis, par Villemonble; mais que ce *canal*, bon pour empêcher les *inondations*, ne serait peut-être pas si utile à la navigation, qu'en le faisant commencer près *Charenton*.

8° M. de Bory, *évalue* à 37,671 toises, près de 38 *arpents* la superficie de *terrain* dont on pourrait disposer, et qu'il estime à 200 *francs* la toise (ce qui *forme un capital de 7,534,200 francs*), sur lesquels, dit-il, l'on pourrait construire de nouveaux *établissements* dont il laisse aux *architectes* le soin d'en tirer partie (*et maintenant en double la valeur*).

9° Enfin, de former la *place de Louis XVI*, ci-devant citée, sur l'emplacement du *Pont-Rouge* (dit actuellement *de la Cité*), observant, page 17, que l'on apercevrrait la *statue de ce Monarque dont le nom seul* cause une émotion si sensible dans le cœur de tous les *Français*, de ce Roi, qui, du fond de sa *tombe*, crierait à tous les Rois, *Ressemblez-moi et vous serez adorés*; M. de Bory termine, page 3, en disant: *Mon projet* peut avoir quelques inconvéniens, *mais quel est celui qui n'en a pas ?* je souhaite qu'on lui reconnaisse assez d'avantages pour qu'il soit adopté; mais quel que soit son sort, je me flatte que *le public, ce tribunal* qui, ainsi que le dit M. de *Malesherbe*, est *le juge souverain de tous les juges de la terre*, voudra bien approuver la pureté de *mes intentions*.

PLANS DIVERS *proposés pour les embellissements de Paris; par* M. B. A. H. D., *architecte géomètre du Gouvernement.*

Sans prétendre contester personnellement les *vues* grandes et sublimes des *plans divers* proposés par M. *le Chevalier de Bory*, concernant les embellissements de Paris ;

Nous déclarons être parfaitement de son avis relativement à l'amélioration de la navigation de la Seine dans l'intérieur de la ville de Paris, et aux embellissements du centre de cette Capitale, ainsi qu'à la *réunion des trois* îles actuelles en une seule, mais non pas celle de réunir tous les bras de la Seine en un seul *courant*, et cela d'après les observations faites par M. *de Bory* même, qui sont :

1° Que les *arches* du *Pont Marie* ne sont pas assez *vastes* pour recevoir l'excé-

---

(1) Et sans doute disposer de *la superficie* des différents *Bras de ce fleuve* qu'il propose de faire disparaître, et qu'il estime contenir 40 arpents.

(2) Ces maisons ont été depuis entièrement supprimées.

(3) Depuis en partie entrepris et confectionné sous le gouvernement de *Louis XVI*, de 1784 à 1790, puis continué sous celui dit *consulaire, puis impérial*, et royal au commencement du dix-neuvième siècle.

dent *des eaux que le recomblement de ces différents bras* de la Seine pourrait produire par le reflux que cela susciterait dans son cours ordinaire. (1)

2° Que, d'un autre côté, les habitants de cette partie du *sud* de cette grande ville, seraient privés de la *jouissance* du service de la *navigation journalière* de ce même fleuve, qu'ils possèdent maintenant pour *leur Commerce*.

3° Que les *halles* aux vins, qui sont actuellement un des principaux établissements de Paris, seraient aussi privées d'une partie de la jouissance de ce même service, de même que le port Saint-Bernard et celui de la Tournelle, qui deviennent de jour en jour plus importants que jamais.

4° Qu'il faudrait, au contraire, aviser aux moyens nécessaires d'augmenter les *abordages* de la Seine pour le service de la navigation, et faire les travaux utiles à ce sujet, de manière à rendre également navigable, en toute saison de l'année, le bras de ce même fleuve qui passe actuellement au milieu des bâtimens de l'Hôtel-Dieu de cette vaste cité, comme nous l'avons déjà proposé.

5° Consulter enfin, pour savoir si le commerce des différents quartiers du *sud* ne serait pas dans le cas d'exiger que la ville de Paris fasse *l'acquisition de toute la masse des maisons existantes* en ce moment sur *l'emplacement* de la superficie que *limitent* actuellement la *place de Saint-André-des-Arts*, celle du *pont Saint-Michel* et le *bras de la Seine* qui passe vis-à-vis, à l'effet d'établir en cet endroit un *nouveau port* pour l'abordage des *bateaux* marchands.

6° Finir la *prolongation* de la rue *Hautefeuille* à celle-Racine, que la voie publique réclame depuis si long-temps, laquelle établirait une communication directe de ce nouveau *port* dans tous les quartiers du *sud*, du *faubourg Saint-Germain* et du *Luxembourg*, ce qui, en augmentant la valeur des propriétés de chacun, ferait *fructifier le commerce* de tous.

7° De consulter également s'il ne serait pas de l'intérêt général du commerce de la capitale, de former *une jetée* du côté de l'île Saint-Louis et de celle de Louviers y réunie, de manière à établir plusieurs abordages de ce même côté pour les bateaux marchands, vis-à-vis les ports Saint-Bernard et de la Tournelle, et surtout à la pointe actuelle, dite l'hôtel *Bretonvilliers*.

8° Consulter aussi s'il ne serait pas avantageux, pour le service de la *navigation*, de continuer *le bord de la jetée* du *pont* de la *Tournelle*, ainsi qu'il l'est en partie, en partant dudit pont, en ligne droite jusqu'à celui dit aux *Doubles*, et rebâtir ce dernier d'une *seule arche* sur une longueur de dix pieds de plus que tout l'ensemble de ses *arches et piles* contient actuellement, et faire les travaux nécessaires pour que le *quai de l'Archevêché*, dit *Catinat*, soit prolongé en ligne directe jusqu'à celui d'*Orléans*, existant île *Notre-Dame-Saint-Louis*.

9° De rebâtir également le *Petit-Pont* d'une arche, *idem.* celui de *Saint-Michel*, de deux arches, et la partie du *Pont-Neuf*, du même côté, en *trois* au lieu des *cinq* qui existent, puis *redresser et recreuser* ce même *bras de la Seine*, depuis le pont *aux Doubles* jusqu'à celui *des Arts*, de manière qu'il puisse être *navigable* en toute saison pour les *bateaux* marchands.

10° Enfin de réunir *les trois îles* ci-devant citées en *une seule*, comme il est plus amplement détaillé dans l'ouvrage d'art du plan historique des agrandissements et embellissements de Paris, imprimé et publié pour la première fois en 1791 et années suivantes, par les éditeurs du *Recueil polytechnique*, en 1804.

---

(1) Même *observation* pour ce qui concerne le *pont de la Tournelle*, et diminue l'encombrement des bateaux du premier.

Aux progrès de l'Agriculture, du Commerce et de la Navigation.

Au moment que cette feuille allait être mise sous presse, les divers journaux de la capitale ont annoncé, en juin et juillet 1825, la formation de la *Société Commanditaire de l'Industrie*.. (1)

Suivant cette annonce, ladite société paraît se disposer à concourir à l'encouragement, non-seulement des entreprises et du confectionnement des objets d'utilité publique semblables à ceux désignés des autres parts, pour ce qui concerne les embellissements de Paris et autres villes de France ; mais aussi à tout ce qui peut prétendre à la prospérité du *commerce*, de la *navigation* et particulièrement à celle de *l'agriculture*, ainsi que des moyens de *communication* en général de ce grand état Européen, objet qui doit fixer l'attention de chacun plus que jamais, lorsqu'on voit vendre, dans cette capitale un boisseau de *pommes de terre* jusqu'à 3 fr. 25 c., et un pied de salade, dite romaine ou *chicon*, 20 et 25 c., et une tête de *chou* ordinaire, 50 et 75 c. et un litre de petits pois, 1 fr. 25 centimes, et enfin une pincée de persil, cerfeuil, 10, 15 et 20 c., etc., etc.

Enfin, d'après les dispositions de ladite société, on a droit d'espérer que ce sera le plus grand et le plus important des établissemens publics de tous ceux qui ont été fondés jusqu'alors, pour seconder et encourager les progrès de trois branches principales de *l'industrie française*, qui sont *l'agriculture*, le *commerce* et la *navigation*, lesquels doivent fixer en ce moment, dis-je, plus que jamais, l'attention de tous les *amateurs et connaisseurs* de ces mêmes objets de première nécessité à la société, et dont nous disposons en ce moment un *tableau synoptique* de ceux qui sont déjà parvenus à notre connaissance, au nombre de plus de sept mille.

En attendant, nous pensons qu'il ne sera pas indifférent à nos lecteurs, de connaître *celui* des *fondateurs* de la société dont il sagit, déjà citée dans le moniteur qui sont ; Savoir :

MM.	MM.	MM.	MM.	MM	MM.
Allemand frères et Hersent.	Chuinngham (le ch.).	Gontard de Francfort.	(César de) Banquier.	Oberkampf.	Ruty (comte) (d) et pair de France.
Aulagnier et Cie.	Clary (le gén. marq.)	Gouin frères, de Tours.	Lareguy.	Odier J. et Cie.	St.-Aubin (W. John de).
Ardoin Hubbard et Cie (d).	Clément de Hormes.	Gouppy.	Larochefoucauld (c). duc de Liancourt.	Odier Aubert et Cie. de Marseille.	St.-Criq (comte de).
Aubernon fils.	Cota (le bar).	Gourgaff (de).	Lecointe,	Oppermann, Mandrot, et Comp.	Saglio Florent.
Bagnères.	Coulaux frères.	Gueriu de Fomin et Cie.	Lepeletier Daunois.	Paccart et Cie.	Salverte (Eusèbe).
Baring (H).	D'Alberg, duc (d).	Haber Seuor, de Carlshue.	Louis (le baron).	Paravey et Cie (d).	Sarasin (L. P.).
Belfast.	Daly et Robinson.	Hagurmann (d).	Lutterohl.	Percy (L. A. G).	Sauter (Donal).
Berad et Cie (d).	Decroix (pair de France. marq.).	Holtein.	Mallet frères (d).	Peret et Gugot (L).	Sculmberger et Cie.
Bethmann frères de Francfort.	Deichtal (Louis)	Humann.	Marchs (W).	Perrier frères (V.).	Sébastiani (le général.)
Blanc, Colin et Cie (d).	Degrange Palenne et Cie.	Hustache de Genève, et Cie.	Martin d'André et Cie.	Philtiff.	Siméon (le comte) (c).
Blaquières (L. P.	Deuhal (Auguste).	Javal frère (d).	Massa (le duc de).	Pillet Wouil et Cie (d).	Stanley.
Bodin frères et Cie. de Lyon.	Didot F. père et fils.	Jrwoing (John).	Maynier et Cie.	Prandegalg.	Summerset (duc de).
Boignes et fils.	Duparquet.	Laborde (Alexandre).	Mercier de Nerville.	Praslin (l. m.)	Talleyraud (le pr.).
Bossange père.	Fabrequette.	Laffitte (M) et Cie.	Milleret (J).	Raineville père de).	Tact (F).
Bourg (la comtesse).	Fairays (B).	Lafitte, (J. B.)	Moisson Devaux et Cie.	Reguy (Arth).	Ternaux (l'ainé) (V).
Broval (le ch.)	Farghuas St.-Roberg.	Lafitte (J) et Cie (p).	Molé (le comte) (d).	Reithorin.	Idem. Gondolph et Cie.
Balthiau.	Ferrere (Lafitte).	Lagrange, le général.	Mollien (le comte).	Ricardo (John).	Vassal et Cie (d).
Bulwer.	Fould et Fould-Oppenheim.	Lambert.	Montmorency (le b.).	Rigny (G. de).	Voyer d'Argenson.
Calandring.	Fourchon (Pb).	Lameth (Alexandre).	Morin frères.	Rolshes frères.	Wackefield (Eg).
Chappuis.	Fourel (M).	Lapanousse, (d).	Moular.	Bougemont de Lowenberg.	Wilkinson.
Chaptal fils (d).	Foy (le général).		Mulbeins frères, de Francfort.	Roux Vital et Cie (d).	Wormer de Romilli.
Chevals (c).	Gaios de Bordeaux.		Nocolet.	Rumbolt (sir W.)	
Choiseul (le duc de.)	Genestous (comte de).				

(1) Une autre société vient également d'énoncer les dispositions pour le *défrichement* et mettre en rapport vingt mille arpents de terrains divers, qui sont maintenant *incultes*.

P. S. Ceux dont les noms sont suivis de la *lettre* (d) ainsi figurée sont *directeurs* de l'administration provisoire ; *idem* (c) *censeurs* ; *idem* (p) *présidents* et *idem* (v) *vice-présidents*.

Le COMITÉ de ladite société, également provisoire, est composé de MM. *Casimir Périer*, *Lafitte*(J) et *Ternaux* aîné, présidents.

Enfin, le but de la *société commanditaire de l'industrie*, paraît définitivement fixe, d'aviser aux moyens nécessaires d'*améliorer* toutes les branches *agricoles*, *commerciales* et *manufacturières*, le desséchement des marais, le défrichement des terres, la confection de canaux d'*irrigation* plus parfaits, plus *économiques* et plus *productifs* que les anciens, l'exploitation des mines, la multiplication de *communications* telles que les ponts, routes en fer et chaussées qui auraient pour but d'étendre les débouchés de notre industrie, lesquelles peuvent s'étendre et s'améliorer dans les provinces de Berry, Sologne, Poitou, Vendée, Anjou, Saintonge, Bretagne, le Maine, Normandie, Picardie, Champagne et partie de la Bourgogne, où nous avons remarqué des *millions* d'*arpens* de terrains délaissés tant en *marais* qu'en *friches*, qui attendent des bras pour les mettre en rapports productifs à la société ainsi que des *milliers de chemins vicinaux*, *routes* et *canaux* à confectionner.

Nous aplaudissons, comme dit un des journaux, à une association dont le but ne saurait être plus NATIONAL, ni plus avantageux à l'industrie.

Elle est composée des personnes les plus respectables de la *France*, qui, dit-il, vont incessamment concourir aux nouvelles *lois financières*, qui recevront leur exécution et sera un tribut de reconnaissance payé à *l'auteur*.

HOTELS DE LAMOIGNON ET DE LA FORCE.

Plan proposé pour former deux MAISONS D'ARRÊTS *séparées, dont l'une pour le* CRIMINEL, *et l'autre pour le* CORRECTIONNEL.

Le 9 juillet 1825, nous étant rendu rues Culture-Ste.-Catherine et Neuve *idem*, puis dans celles dites des Ballets, du Roi de Sicile, et Pavée au Marais, nous avons remarqué que la position de l'*hôtel Lamoignon*, occupé maintenant par M. St.-Maurice, pourrait être *concédé* à la ville de Paris, conformément aux lois des 16 septembre 1807 et 10 mars 1810, pour compléter les moyens de former *deux maisons de détention* ci-devant désignées, lesquelles seraient isolées l'une de l'autre par la formation de la rue *Neuve des Rosiers*, ci-après citée ; savoir :

Le plan dont il s'agit, est que celui de la *place royale*, du *commerce* de laquelle il sera parlé dans la suite nous a fait concevoir, serait :

1° La *prolongation* de la rue *des Rosiers*, en ligne directe jusqu'à celle Pavée et de là *idem* au boulevard St.-Antoine, en passant par ladite place *Royale*, de manière à apercevoir aux deux extrémités *la statue* du monarque, qu'on y rétablit en ce moment.

2° De prolonger également les rues *Païenne* et *Pavée*, au Marais, jusqu'à celle St.-Antoine ;

3° Au moyen du percement et formation de la rue *Neuve des Rosiers*, dont il vient d'être parlé, tant sur l'emplacement actuel de l'*hôtel Lamoignon*, que de celui dit la *Force*, on pourrait établir, premièrement du côté de l'hôtel Lamoignon, la *maison* de détention pour le *correctionnel* et celle dite la Force pour le *criminel*.

4° La rue du *Roi de Sicile* pourrait se prolonger en ligne directe à celle St.-Antoine, en supprimant une portion des maisons, 1° *Millon*, 2° *Devaux*, 3° *Piot* et 4° quelques vilaines masures de la rue des *Ballets*, où l'on voit même que l'alignement de celle du marchand de vin *Armand*, qui forme maintenant l'encoignure dit de l'enseigne *St.-Catherine*, et paraît avoir été jadis disposée à ce sujet, vis-à-vis St.-Louis-la-Culture, ce qui, dégagerait le *carrefour* actuel de l'hôtel de la *Force* et du *Roi de Sicile*, qui est encombré journellement de *gendarmes* et *voitures* de la Conciergerie, gênant considérablement la voie publique de ce quartier ;

Enfin, les autorités administratives de la ville de Paris, pourraient encore tirer un *rapport* avantageux de toute la façade d'une partie de ces deux maisons, où elles pourraient également y faire établir des *boutiques avec entresol* au-dessus, propres à divers états, en faisant construire de forts murs de mitoyenneté, qui en feraient la séparation d'avec les locaux habités par les *détenus*, en se réservant le droit de propriété pour en disposer à sa volonté, comme tout autre bien des *hospices et prisons*.

DIOGÈNE A PARIS.

Volume in-12 imprimé en 1787 à Athènes, et annoncé à Paris, chez Buisson.

L'auteur, qui paraît avoir été un ancien militaire et prisonnier de guerre, ayant parcouru les quatre parties du monde, rapporte une infinité d'articles extrêmement intéressants, dans le genre de différents plans déjà cités, et proposés par M. de *Bory*, relativement aux embellissements de Paris, et à la salubrité de ses habitants. Il cite également divers rapports aussi précieux que nécessaires pour l'encouragement et le perfectionnement des *Arts agricoles*, du *Commerce* et de la *Navigation*.

Ses *vues, véridiques* aussi grandes que sublimes, sont basées sur les dispositions de celles énoncées par la *Société commanditaire de l'industrie*, ci-devant citée.

Ce brave militaire rapporte également les causes générales de la diminution de la *population* des quatre parties du monde, et particulièrement de l'*Europe*, qu'il estime maintenant *être cinquante fois moindre* qu'elle n'était autrefois du temps de *Jules-César*.

Il observe que la *mendicité* est la cause première des malheurs publics de la Société, comme ayant en partie suscité cette quantité de *réunions*, dites maisons *monastères* de différentes classes et *droits privilégiés* qui ont été successivement établies depuis plusieurs siècles, ce qui a donné occasion à une infinité de personnes de deux sexes à s'habituer aux maximes de *fainéantise* et *paresse*, au point qu'il en est résulté les *fardeaux* les plus cruels à supporter par les gouvernements même qui les ont protégés, tandis que la classe de *peuple industrielle*, *travaillante* et *commerçante*, en général, a toujours été susceptible d'un *rapport productif* et annuellement utile à la masse de la société ds tous les *états bien gouvernés*.

Ouvrage enfin, qui mérite d'être lu de tous les vrais *amis* de la *prospérité* et du *bonheur public*, de la grande famille, pour y trouver de très bons *plans administratifs* aussi utiles que nécessaires au bonheur de chacun, et où il cite une infinité de bienfaits employés à ce sujet par l'*illustre cardinal* le Camus, ancien évêque de *Grenoble*.

Routes et chaussées de Paris, à la Gometz, par le Plessis-Piquet.

Ces routes conduiraient de Paris à Vaugirard, Vanvres, Châtillon, Plessis-Piquet, à la tour de Gisy, Jouy, Orsigny, Villiers-le-Bacle, Gif, d'où elles iraient rejoindre celles existant à la *Gometz* qui conduit à *Chartres*, par Limour, Bonnelles, Rochefort, Saint-Arnoud-les-*Avelines*, *Ablis*, et le quai de Longroy, sa vraie direction; et non par le *Bourg-la-Reine* et *Antony*, par où on va maintenant. Un autre embranchement de route également urgent à établir, serait d'*Ablis*, ci-devant cité à Châteaudun, déjà commencé, par Orsonville, les *Noyers*, puis de là à *Aunais*, près *Auneaux*, *Saint-Léger-des-Aubées*, *Moinville*, *Allonne* Voves, *Sancheville*, tous en pleine *Beauce*; *Villiers*, *Saint-Orient*, et Conxis, où un *pont* ordinaire sera établi comme la véritable direction de la *route d'Espagne*.

Ces mêmes routes et chaussées seraient maintenant d'autant plus urgente à former de ce côté, qu'elles établiraient une nouvelle communication pour une partie de l'île de France à la Normandie et à la Picardie, par le pont de *Neuilly* et le bois de Boulogne, au moyen de celui nouvellement annoncé à bâtir sur la *Seine*, entre *Auteuil*, *Passi*, et la plaine de *Grenelle*, vis-à-vis la chaussée de Boulinvilliers, où déjà quantité de terreins viennent d'être acquis, pour y construire diverses maisons d'entrepôts et de roulage.

Ce nouveau pont remplacera en parti celui qui est désigné au plan ci-joint, vis-à-vis la route de la *Reine*, endroit cotté AA, que nous avons proposé en 1807. L'adjudication de celui de *Grenelle* a été annoncée pour le 4 juillet 1825, moyennant un droit de passage de 99 ans. A l'endroit *cotté* 17 et désigné *pont de l'ouest*, audit plan.

Enfin, pour ce qui regarde la *salubrité*, il est aussi utile qu'indispensable à la conservation de la santé des habitans les moins aisés de la capitale, et les moyens qu'il est nécessaire d'employer à ce sujet. Le journal des Débats a publié le 31 juillet 1825, un *long article* sur cet objet, de même que sur la distribution des eaux et fontaines de la ville, qui mérite d'être lu de tous les amis des arts et de l'humanité, de manière que ses vues sont toutes à l'appui de celles que nous avons déjà publiées relativement à cet objet.

Chaussée, ou nouvelle Route à établir de Paris à Neuilly-sur-Marne.

S'il est encore un objet qui doit fixer l'attention du gouvernement français, c'est la confection de la route ci-devant citée, en raison de l'établissement du canal Saint-Martin.

Cette nouvelle *route et chaussée* passerait à *Tilmont*, *Montreuil*, l'*Epiné*, *Ménil-Montant*, où deux *embranchements* de *route* seraient formées, l'une pour conduire à *Charonne*, et l'autre à *Belleville*, *Prés-Saint-Gervais* et *Pantin*, puis un *boulevard* de la barrière des *Amandiers* à celle de *Bercy*.

On peut voir sur la carte géographique des environs de Paris, combien cette nouvelle route est extrêmement urgente et nécessaire, et combien elle abrégerait la communication actuelle des principaux quartiers de la capitale aux communes de *Chelles*, *Lagny*, *Saint-Germain-de-Couilly*, *Quincy*, *Meaux*, *Coulommiers*, et autres ci-devant citées, *idem*, une rue de la Barrière du *Trône* à celle de *Bercy*.

Enfin, la confection de tous ces objets pourrait susciter bientôt quantité de *constructions* particulières, ainsi que diverses entreprises d'établissement d'utilité publique qui, de leur côté, procureraient des travaux et des moyens d'existence continuels à toutes espèces *d'artistes et d'ouvriers* de différentes classes de la société. *Tels sont les vues de l'auteur* de ces mêmes ouvrages.

ERRATA.

Chaque lecteur voudra bien observer qu'à la 1re page du *cahier* précédent, qui a pour titre *moyens d'améliorer le commerce*, il faut lire 9910 *arpens* au lieu de 5858, à la Xe *cloture de Paris*; puis page 5 suivante on lira *Laugier* au lieu de *Lozier*; *id.* page 8, *Leiris* au lieu de *Leipis*, et *Matifat* au lieu de *Matila*; *id.* page 15 *Soulavy* au lieu de *Soulars*.

Plus article *Agriculture*, *Commerce* et *Navigation*, page 8, avant le mot *ce projet inventé*, lisez *canal de Versailles à Paris*; *id.* suivant article du canal Saint-Maur, lisez *Gravelle* au lieu de *Grenelle*, puis *Chatifer* au lieu de *Chalizer*; plus, fin de la feuille du *tableau indicateur des rues*, page 8, lisez *Alignement* au lieu de *Changement*.

IMPRIMERIE D'HIPPOLYTE TILLIARD, RUE DE LA HARPE N° 78.

N.°	NOMS DES CANAUX.	N.°	NOMS DES CANAUX.	N.°	NOMS DES CANAUX.

ANALYSE DES CANAUX

Des Rivières de l'Yvette, de la Bièvre, de l'Orge, de la Juine
et de l'Essonne ;

Par M. B. A. H. DEVERT, *Architecte*,

POUR CONDUIRE UNE PORTION DE LEURS EAUX

A PARIS;

Avec les Conclusions particulières sur ces mêmes canaux et sur celui de
l'Ourcq ; lue au Comité des Ponts-et-Chaussées, par M. GAUTHEY, l'un
de ces Inspecteurs-généraux et membre de la Légion d'Honneur.

L'YVETTE est une petite Rivière qui n'a que 8 lieues environ de cours ; elle prend
naissance près l'ancienne Abbaye de ce nom, située proche la route de Versailles à
Rambouillet, à 2 lieues de Chevreuse, où elle passe après Maincourt et S.-Forget, au-
dessus duquel elle reçoit la petite Rivière de l'ancienne et célèbre Abbaye de *Vaux-de-*
Cernay, qui prend sa source en l'*Etang du Peray*, au-dessus du Fargis, près la route
ci-dessus citée. L'Yvette passe ensuite à S.-Remi, où se joignent les Ruisseaux des Etangs du
Port-Royal et de S.-Paul ; continue par Bures, proche lequel elle reçoit le Ruisseau de
l'*Etang de Magny* ; continuant ainsi par Orsay, où elle reçoit encore un petit Ruisseau
de S.-Clair ; longeant Vilbon, elle passe à Longjumeau et tombe dans l'*Orge* à Villemois,
2 lieues au-dessous de Montlhéry.

MM. *De Parcieux* et *Perronet*, célèbres ingénieurs de France, ont présenté des
plans et mémoires pour la confection du canal de l'Yvette, à l'effet de fournir de
l'eau aux quartiers et faubourgs du Midi de la ville de Paris, et pour suppléer à ceux
des *aqueducs d'Arcueil*, déjà établis de ce côté, par les ordres de *Marie de Médicis*
et les soins de *Jacques de Brosses*, célèbre architecte, que les Romains avaient commencé ; ouvrage digne de ce grand peuple.

Nous ajouterons *que le plan du canal de la Rivière YVETTE* fut présenté en 1762
pour la première fois, par M. *de Parcieux*, premier Architecte des Ponts et Chaussées,
à l'examen de l'Académie des eaux-Arts de Paris, qui, ayant nommé diverses commissions
pour cet objet, en reçut, les années suivantes, plusieurs rapports avantageux.

En 1766 et 1767, plusieurs Mémoires et deux manuscrits furent transcrits sur les
registres de ladite Académie.

En 1768, la mort ayant enlevé aux Arts français M. *de Parcieux*, bientôt le
Gouvernement, qui avait pris connaissance de cette utile entreprise, voulut s'assurer
de la possibilité de son exécution.

M. *Perronet*, aussi devenu célèbre ingénieur, qui succéda à M. *Parcieux*, fut
chargé avec M. *de Chezi* d'examiner de nouveau les plans du canal de la Rivière
Yvette, pour conduire ses eaux à l'Observatoire de Paris ; et les résultats de leur examen
ainsi que de leur travail se trouvèrent conformes à ceux de M. *de Parcieux*, en faveur
de l'exécution.

En 1775, M. *Perronet* fit un rapport détaillé sur les diverses opérations qu'il avait été
chargé de faire concernant le canal de l'Yvette.

En 1782 et 1783, M. *Defer de la Nouerret*, ingénieur, a renouvelé les plans de cette utile entreprise, et a publié plusieurs Mémoires imprimés à ce sujet, où il rapporte les différentes opérations faites pour cet objet par MM. *de Parcieux*, *Perronet* et *Chezy*, déjà cités ; il y trace la route qu'aurait suivie l'Aqueduc en maçonnerie qui aurait conduit les *eaux* de l'*Yvette* à Paris, avec des grilles de distance en distance, pour arrêter les immondices et repos des eaux dans des grands bassins assez vastes, joignant l'avantage d'en retenir ou réserver une assez grande quantité pour les temps de sécheresse.

M. Defer dit que M. de Parcieux indique dans ses Mémoires le percement d'une montagne entre Palaiseau et Massy ; il cite les *ponts, aqueducs, tranchées, canaux en maçonnerie* et autres travaux que l'exécution pourrait exiger, dont il porte la dépense à *six millions* environ en ce temps-là.

En 1784, M. Defer fit imprimer une petite brochure in-8°, ayant pour titre : *Reflexion sur le projet de l'Yvette*, où il dit que M. Perronet a remis à l'Académie deux volumes manuscrits, avec plans et devis estimatifs, observant que la longueur dudit canal aurait été de 17,352 toises, dont 2111 en aqueducs couverts (1) depuis le château de *Coubertin*, près S.-Remi, au grand réservoir qui devait être établi pour la prise d'eau, jusqu'à l'Observatoire ; que la vallée de Rungis aurait été traversée par un autre aqueduc de 318 toises de longueur, porté par des arcades dont celle du centre aurait eu 64 pieds d'élévation ; et en élevant celle d'Arcueil d'un second étage, on aurait joint les eaux de l'*Yvette* avec celles de la *Bièvre*, en entrant dans Paris par un embranchement de canal de 2809 toises de longueur, dont 653 auraient été couvertes, et pour l'exécution desquelles le total général des dépenses est porté dans ce second état estimatif, par MM. *Perronet* et *Chezy*, à sept millions huit cent vingt-six mille deux cent neuf liv.

Enfin, soit que cet aperçu de dépenses ait effrayé en ce temps-là le gouvernement d'alors, ou que d'autres circonstances aient provoqué le retard de la mise en activité de cette utile entreprise, ce canal est resté jusqu'à ce jour sans être confectionné.

Dans le nouveau plan qu'a présenté M. Defer, cité d'autre part, cet ingénieur propose, au lieu d'un aqueduc, une simple *rigole* en terre, et de prendre l'eau de l'*Yvette* au-dessous de S.-Remi, 500 toises plus bas que M. Perronet ; de suivre ensuite son tracé jusqu'à Palaiseau ; de faire le percement de la montagne à gauche, et d'aboutir dans le vallon de Bièvre au-dessus du château de Villiginie ; de traverser ce vallon par une levée ou un aqueduc qui n'aura que vingt pieds de hauteur au plus profond du vallon ; de longer le côteau à gauche de la Bièvre, de passer à droite de Vilaines, *idem* de Verrières ; de laisser Antony à droite, Chantenay à gauche, Sceaux et Bourg-la-Reine à droite, ainsi qu'Arcueil, et d'aboutir au tracé de M. Perronet, indiqué à cet endroit.

Dans ce nouveau tracé, M. Defer évite : 1°. la dépense de l'aqueduc de Tournay dans la vallée de Rungis, et l'exhaussement de celui d'Arcueil ; 2°. il laisse en arrière toutes les constructions qui ne sont pas de première nécessité, et il compte réduire, par ces différens moyens, la dépense de la conduite d'une portion des eaux de la rivière d'Yvette à moins d'un million, qui doit, dit-il, fournir 1250 pouces d'eau dans les temps de sécheresse.

M. Defer dit également que la compagnie des pompes à feu des eaux de Paris a fait publier, par le comte de Mirabeau, qu'elle prétend que le projet de l'Yvette coûterait plus de *vingt millions*. M. Defer répond qu'une seule campagne suffirait pour l'exécution de la première partie du canal de l'Yvette, excepté le percement du seuil de Sceaux et de Palaiseau, qu'il évalue à 37,587 toises cubes de déblai de terrassemens. (2)

Enfin, M. Defer cite l'extrait du rapport et mémoire fait à l'Académie par M. de

---

(1) La toise courante est de six pieds ou 2 mètres 21 lignes.
(2) La toise cube contient 216 pieds *id.*, qui produisent 216 brouettées environ.

Parcieux, en s'exprimant ainsi : Il faudrait, dit ce célèbre ingénieur, dans la ville de Paris 800 pouces d'eau pour le besoin intérieur des maisons, et elle en a tout au plus 200 à 230 ; savoir : par la pompe Notre-Dame, 120 à 125 ; par Arcueil, 40 à 50 ; par la Samaritaine, 25 à 30 (1) ; par les sources du pré Saint-Gervais, 12 à 15, et par Belleville, 10. Souvent il arrive que cette quantité d'eau est excessivement réduite. En 1732, celle d'Arcueil fut au plus de 7 pouces ; au printemps de 1763, à peine de 20 ; et aux mois d'octobre et de novembre de la même année, de 12 à 15.

Les rivières de l'Yvette et de Bièvre fourniraient au contraire aisément jusqu'à trois mille pouces d'eau, plus pure et plus belle que celle de la Seine. MM. *Hellot* et *Marquer*, célèbres chimistes et membres de l'Académie, ont fait un rapport favorable sur ces mêmes eaux de l'Yvette.

En 1786, M. Defer publia encore un mémoire sur ce même projet de canal, où il fit l'offre de consigner 250,000 fr. entre les mains du trésorier de la ville de Paris, pour commencer cette utile entreprise, et d'en abandonner le bénéfice au profit du trésor public après le remboursement des avances ; il observe que M. *Hugh Midleton* a fait conduire à Londres une nouvelle rivière avec ses propres deniers, qui a fourni 4,000 pouces d'eau, c'est-à-dire 4 pintes par minute.

EXTRAIT du Rapport fait à l'Académie à Paris, en 1782, sur le projet du Canal de l'Yvette ; par les commissaires nommés pour cet objet.

Les commissaires nommés à cet effet conclurent 1°. que le tracé de M. Defer offre plusieurs avantages ; 2°. qu'en partant des jaugers adoptés par MM. de Parcieux, Perronet et Chezy, et dans le cas où la rigole que propose M. Defer ne perdrait point, par les filtrations et les évaporations, une quantité d'eau trop considérable, l'exécution de ce projet, qui présente beaucoup d'économie dans les dépenses, serait d'une grande utilité ; 3°. enfin, que comme il serait nécessaire, pour construire un canal revêtu en pierre, de creuser une rigole, il paraît avantageux de suivre les moyens proposés par M. Defer, ayant égard aux diverses observations qui ont été faites dans le cours de ce rapport, signé *Delalande*, *d'Alembert*, *Tillet*, le marquis *de Condorcet*, *Leroy Bossut*, et *Coulomb*.

Enfin, le 21 mai 1786, Louis XVI nomma dans son conseil d'Etat des commissaires pour faire l'examen des plans et devis du projet du canal de l'Yvette ; et d'après le rapport qui lui en fut fait, S. M. rendit un *arrêt* qui en ordonna l'exécution au profit de M. *Defer de la Nouerret et C^pie.*, qui a fait commencer cette utile entreprise, où des milliers d'ouvriers ont trouvé leur subsistance les campagnes suivantes, en poussant les travaux avec activité ; lesquels, comme dit fort bien M. Gauthey, n'ont été arrêtés que par des motifs *d'intérêts particuliers* en 1787, on peut même ajouter, *par jalousie ou envie de contrarier* tout ce qui peut tendre à la prospérité du bien public (1).

Déjà une partie des eaux de l'Yvette avaient été conduite entre le Bourg-la-Reine et Paris, où l'on voit encore sur le bord de la route des vestiges de ce même canal, au long duquel M. Defer avait fait planter des avenues d'arbres de chaque côté, que l'on a en grande partie recomblées et détruites.

M. Defer, cruellement chagriné par ces ennemis du bien public, a été forcé d'abandonner cette même et belle entreprise du *canal de l'Yvette*, dont l'expérience a déjà le apprécier les vues d'utilité générale pour la capitale, et que l'avenir saura sans doute juger pour qu'il soit continué et confectionné.

(1) Qu'il faut déduire maintenant comme démolie et supprimée en 1812. Nous ajouterons que le 12 septembre 1819, entre 11 h. et midi, passant sur le port aux tuiles à Paris, nous avons remarqué 25 voitures avec des tonneaux qui attendaient leur tour pour les remplir d'eau à la petite pompe particulière qui existe en cet endroit.

(2) Un maître de poste qui habitait dans ces temps-là *Antoni*, fut un des principaux moteurs de la suspension de ces travaux.

PROJET *de* M. Gauthey, *inspecteur-général des ponts et chaussées , membre du Conseil de cette administration et de la Légion d'Honneur.*

M. *Gauthey* avait aussi donné son avis à M. Caumartin, Prévôt des Marchands, en 1784, sur une partie des travaux de ce canal, évalués à 475,500 fr.

En 1802, M. *Gauthey* présenta un mémoire imprimé sur la confection de ce même canal ; il proposa de joindre à l'*Yvette* une partie des *eaux des rivières* de l'*Essone*, de l'*Orge*, de la *Juine* et de la *Bièvre* , avec beaucoup de changemens au plan de M. Perronet, en prenant une autre direction ; de manière que le canal de l'*Yvette* ferait le pendant de celui de l'*Ourcq*, en fournissant la même quantité d'eau, par le moyen de deux embranchemens de canal, qui partiraient du grand *bassin* que l'on construirait entre la barrière d'*Enfer* ou *Villejuif*, et *Saint-Jacques* près l'*Observatoire*.

M. *Gauthey* dit que le Gouvernement ayant ordonné l'entreprise du canal de l'*Ourcq*, dont il apprécie l'utilité qui pourra en résulter pour toute la partie du Nord de Paris, il envisage que le côté opposé de cette grande ville désire également un pareil établissement , et que ses habitans n'en méritent pas moins l'attention du Gouvernement que ceux du Nord. Nous avons cru devoir profiter de cette occasion, pour, d'une part, indiquer cette autre partie de canal et bassin projetés ; et de l'autre, rapporter ici les articles mentionnés au projet de dérivation de M. Gauthey.

Nous avons en France, dit M. Gauthey, plusieurs villes où l'on a amené l'eau des rivières supérieures, entre autres, Toulon, Marseille, et surtout Montpellier, où l'on a fait un aqueduc porté sur des arcades , sur plus de 500 toises de longueur, qui conduit l'eau dans la partie la plus élevée de la ville, à 90 pieds au-dessus du terrain naturel ; l'on a conduit, à Londres, sur près de 40,000 toises de longueur, une rivière qui produit 4,000 pouces d'eau.

La ville de Paris n'a encore que l'aqueduc d'Arcueil, qui ne fournit que 80 pouces d'eau ; quelques eaux qui viennent des près Saint-Gervais et de Belleville, qui, jointes à celles des machines hydrauliques, ne fournissent qu'environ 200 pouces, dont 30 appartiennent à des particuliers : ces eaux sont distribuées à près de cinquante fontaines.

Il faut convenir que cette quantité d'eau est bien peu de chose pour une ville aussi peuplée que Paris ; cependant il est peu de positions de grandes villes plus favorables que celle de cette capitale, pour y conduire facilement une très grande quantité d'eau ; puisque l'on trouve, à peu de distance, plusieurs rivières dont les sources sont plus hautes que les quartiers les plus élevés de Paris, et qui peuvent y être conduites le long des coteaux qui bordent la Seine et la Marne.

On espère fournir à Paris, d'un seul côté, près de 10,000 pouces d'eau provenant de l'Ourcq et des rivières qui se joindraient au canal.

Mais quelque abondantes que soient les eaux de ces rivières, il est difficile qu'elles puissent être distribuées dans toute l'étendue de Paris ; il ne faut guère compter les employer que pour la partie septentrionale de la ville qui se trouve terminée par la Seine ; car on ne pourrait la faire remonter par des tuyaux qui passeraient sous le pavé des ponts, du côté de la partie méridionale, avec de grandes dépenses, qu'à 50 ou 60 pieds de hauteur au-dessus des basses eaux de la Seine ; et il y a plusieurs quartiers qui, dans cette partie, sont à près de 100 pieds au-dessus des basses eaux de la Seine.

On a projeté depuis long-temps de faire venir de ce côté les eaux de l'Yvette et de la Bièvre, qui fournissent, en été, 1500 pouces d'eau ; mais cette quantité n'étant pas comparable à celle que l'on tirerait de la Beuvronne, de la Thérouenne et de l'Ourcq, il sera facile de prendre, non-seulement les eaux de l'Orge, qui sont beaucoup plus considérables que celles de l'Yvette et de la Bièvre, mais de faire venir aussi les eaux de la Juine et de l'Essonne. Toutes ces eaux prises de ce côté doivent être plus considérables que celles prises de l'autre, et l'on peut les faire monter au niveau de l'Observatoire, à plus de 100 pieds au-dessus des basses eaux de la Seine. On a le nivellement des rivières de Juine et d'Essonne dans le projet du *canal d'Essonne* (1), où l'on voit qu'en prenant l'Essonne un peu au-dessus de Malesherbes, et la Juine à peu de distance d'Étampes, on peut les conduire au-dessus du niveau de l'Observatoire, avec une pente au moins équivalente à celle que l'on peut donner au canal de dérivation de l'Ourcq, par un canal qui aurait à peu près la même longueur que celui-là, si l'on suivait tous les coteaux.

On prétend que l'Ourcq, pris à Mareuil, fournira 10,000 pouces d'eau (2) ; mais je crois que cette quantité est trop forte ; car en comparant l'étendue du terrain qui fournit les eaux de cette rivière à Mareuil, avec celle qui fournit les eaux à l'Yvette et à la Bièvre, qui ont été jaugées exactement, on trouve que ces deux rivières ne fournissent, en été, que 1,500 pouces d'eau, et 2,480 en hiver ; l'Ourcq ne fournirait que 5,000 pouces, et que toutes les rivières de ce côté ne fourniraient que 7,000 pouces en été, 13,200 en hiver ; celle de l'autre côté, 8,000 pouces en été, et 15,000 en hiver : ce qui fait en tout 15,000 pouces en été, et 28,000 pouces en hiver.

On a reconnu dans la rigole du canal du Midi, qu'il se perd un tiers de l'eau dans le trajet. En retranchant de cette quantité le tiers pour les pertes provenant des évaporations et des filtrations, on voit que l'on pourra disposer, pour Paris, au moins de 10,000 pouces en été, quantité plus grande que celle que l'on avait fait venir à Rome, sous l'empereur Auguste, dans le temps de la plus grande magnificence de cette ville.

PRÉCIS DES CANAUX

De l'Essonne, de l'Orge, de la Juine, de la Bièvre et de l'Yvette, à Paris ; présentés par M. GAUTHEY.

J'AI déjà fait remarquer, dit M. Gauthey, que la rivière de l'Ourcq ne pouvait donner de l'eau que dans la partie septentrionale de Paris, et que, pour en donner en aussi grande quantité dans la partie méridionale, il fallait la faire venir en partie de l'Essonne, de la Juine, et joindre, en passant, l'Orge, l'Yvette et la Bièvre.

Le nivellement de l'Yvette, et celui de l'Essonne et de la Juine, font voir sur la carte, à peu de chose près, les endroits ; par où passera la rigole, en lui donnant six pouces de pente par cent toises, et par conséquent qu'il faudra prendre la rivière d'Essonne à 28 pieds au-dessus du fond de l'aqueduc d'Arcueil, qui est à 108 pieds au-dessus de l'étiage ; c'est la hauteur où se trouve l'Essonne, à 1,200 toises au-dessus de Malesherbes, où l'on ferait la prise d'eau de ce canal, qui est pour le moins aussi éloignée de sa source que la prise d'eau dans l'Ourcq l'est dans la Seine, et fournira probablement autant d'eau.

Les eaux de l'Orge et de l'Yvette, que l'on recevra dans ce canal, sont plus considérables que celles de la Thérouenne et de la Beuvronne, que l'on reçoit dans celui de l'Ourcq.

M. Perronet, qui a fait un projet très-détaillé pour conduire l'Yvette à Paris, avait cherché à rendre le trajet le plus court possible, et, à cet effet, il avait projeté plusieurs souterrains, dont un de 800 toises, outre un grand aqueduc de 500 toises, au moyen de

---

(1) Canal qui a été commencé pour joindre la Seine à Corbeil et la Loire à Orléans, et partie confectionnée en 1800, par une Compagnie qui l'a depuis délaissé faute d'encouragement nécessaire à ce sujet.

(2) Le pouce d'eau des fontaines fournit dix-neuf mètres cubes d'eau en vingt-quatre heures, faisant 576 pieds cubes, ou 72 muids.

quoi il avait donné à l'eau 15 pouces de pente par 1,000 toises ; mais en suivant, depuis Palaiseau, les coteaux de Longjumeau, Juvisy, Choisy et Vitry, on allonge effectivement le canal de 4,000 ; toises sur 8,000 et néanmoins on peut arriver au même point, entre Orsay et Gif, parce que la rigole, quoique plus longue que la rivière d'Yvette, a beaucoup moins de pente ; mais ce détour évite tout aqueduc et tout souterrain, et par conséquent diminue considérablement la dépense ; et la pente moyenne de six pouces, pour 1,000 toises à donner au canal, est suffisante, puisqu'elle excède celle qu'on a donnée à la dérivation de la rivière de Lew, pour la ville de Londres, et celle des rigoles des canaux d'Orléans et de Briare. Cette pente de six pouces par 1,000 toises étant continuée le long des coteaux, on prendra les rivages d'Orge et de Reinarde, à peu près à leur jonction, et la Juine, près d'Étampes.

Elargissement de l'Aqueduc d'Arcueil.

Il ne sera jamais nécessaire d'élever l'aqueduc d'Arcueil, puisqu'en faisant passer l'eau sur cet aqueduc à la hauteur actuelle, on arrivera à 108 pieds au-dessus de l'étiage, auprès de la barrière de Villejuif, c'est-à-dire, près de trente pieds plus haut que la barrière Saint-Martin. Cet aqueduc peut être élargi de quatre pieds de chaque côté, en formant des arcades qui lui seraient adossées et portées sur des piliers, qui seront seulement augmentés depuis la naissance des arcades actuelles. Le canal aurait alors douze pieds de largeur, et serait contenu par deux murs en pierre de taille ; il serait ensuite continué jusqu'au bâtiment de la barrière Saint-Jacques, où l'on fera couler le superflu, tout le long du dehors des boulevards, jusqu'à la rivière, passant le long du *Champ-de-Mars*, pour y former quantité d'usines qui deviendront très-utiles.

Je n'ai pas compris la Bièvre dans la dérivation des eaux de l'Essonne, de l'Orge, de l'Yvette ; mais, comme on peut la conduire plus haut que l'eau qui passe sur l'aqueduc d'Arcueil, il est possible de la réserver pour conduire l'eau à l'Estrapade, qui est l'endroit le plus élevé de Paris, et former cette dérivation séparée, qui ne serait pas un objet d'augmentation considérable. Au reste, l'un et l'autre de ces deux projets principaux *peuvent se faire par partie*, en amenant, d'une part, l'eau de la *Beuvronne*, et de l'autre, celle de l'*Yvette* ; ensuite celles de la *Thérouenne* et de l'*Orge*, et enfin celle de l'*Ourq* et de l'*Essonne*.

AVANTAGE PARTICULIER

De la confection du canal de l'Yvette et autres, dont il vient d'être parlé par M. GAUTHEY.

Il n'est pas douteux qu'en faisant venir à Paris la plus grande partie des eaux de l'*Ourcq* et de la *Thérouenne*, d'une part ; de la *Beuvronne*, de la *Bièvre*, de l'*Yvette*, de l'*Orge*, de la *Juine* et de l'*Essonne*, de l'autre part, on diminuera beaucoup le produit des moulins que font mouvoir ces rivières.

Mais comme il n'est pas nécessaire de faire venir à Paris une aussi grande quantité d'eau que celle que fourniraient ces rivières, il y aurait toujours une quantité d'eau sur abondante qui les ferait tourner ; et surtout la plupart de celles qui sont placées beaucoup au-dessus des prises d'eau, telles que celles d'*Essonne*, ne diminueraient pas considéablement de valeur.

Mais si l'on fait venir à Paris une quantité d'eau assez considérable pour que les fontaines n'en consomment pas la moitié, l'autre partie pourra être employée à former des *courans d'eau* qui se rendraient à la Seine par différentes chutes, depuis la *barrière de Pantin*, d'une part, et depuis celle de *Villejuif* ou d'*Enfert* de l'autre. En employant cinq mille pouces à ces courans, pour en former des *usines de différentes espèces*, par des chutes de deux mètres de hauteur chacune, on pourrait former *d'une part onze chutes, et de l'autre quinze*. La dépense d'eau *d'un moulin* ordinaire à farine étant évaluée à mille pouces, on y aurait à chacune *deux ou trois roues*. Le nombre de ces usines pourrait être porté à 66 *environ*; et ne fussent-elles d'un produit bien plus grand, elles présenteront toujours infiniment plus d'avantage qu'étant disséminées au loin de la capitale.

On pourrait, avec ces cours d'eaux, former une quantité de *manufactures* de toute espèce, qui diminueraient la main-d'œuvre, et apporteraient à Paris une industrie qui n'y existe pas, par défaut de moteurs, que l'on aurait alors avec abondance.

On peut ajouter les avantages des *ports-garres* ou *bassins* qu'on pourrait établir en diverses extrémités et différens quartiers de la ville, propres aux transports et décharges des marchandises ou matériaux de toute espèce; (1) et par ce moyen, on diminuerait les frais immenses des voitures, ainsi que les embarras du commerce de ces divers quartiers de la capitale; on pourrait éviter en outre une infinité d'autresd épenses et incommodités semblables à celles désignées des autres parts aux articles des canaux de l'*Ourcq*, de *St.-Denis* et de *St.-Maur-*,'à *Paris*, plus amplement détaillé au Recueil Polytechnique. Enfin, par ce moyen, on pourrait rendre à cette vaste cité toutes les facilités du commerce qu'exigent son étendue, son industrie, sa correspondance et sa population.

CONCLUSIONS

De M. GAUTHEY, *sur le canal de l'Ourcq et l'Yvette.*

JE conclues, 1°. à ce que le canal de dérivation de l'Ourcq puisse conduire à Paris, auprès la barrière Saint-Martin, en tout temps, une quantité d'eau au moins égale à celle que cette rivière fournit en été, et que ce canal puisse porter les bateaux qui passent actuellement sur la rivière d'Ourcq.

2.° Que l'on établisse le point d'arrivée à 77 pieds métriques au-dessus des plus basses eaux de la Seine, prises au pont de la Tournelle, et le point de départ au-dessus de la retenue de Croui, et que l'assemblée des Ponts et Chaussées prononce s'il est préférable de suivre une pente uniforme dans toute la longueur du canal, de cinq pouces par cent toises, à une pente moindre avant la tranchée, et plus forte après.

3.° Que l'assemblée décide s'il ne serait pas plus avantageux de faire le canal suffisamment large pour donner le passage à deux bateaux, que de ne lui donner que la largeur nécessaire pour le passage d'un seul.

4.° Que l'on établissse un port, en forme de bassin, vis-à-vis la rotonde Saint-Martin, et un canal large au-delà, avec des plates-formes, pour y déposer les bois que l'on transportera sur le canal (2).

5.° Que la décharge des eaux du réservoir forme à l'entour de Paris un cours d'eau, pour y former différens établissemens d'usines et manufactures.

6.° Que l'on fasse faire les plans, nivellemens et jauges du canal à faire, pour procurer

---

(1) Au moyen de la confection des embranchemens de ces mêmes canaux, avec bassin de distance en distance, ainsi qu'ils sont figurés au plan de Paris réduit, ci-joint, déjà annoncé et annexé au *Recueil polythecnique* publié en 1803 et 1807 et années suivantes.

(2) Le bassin, terminé en 1811, est fait d'une forme carré-long. Cette partie du canal a été restaurée et élargie en 1820 et 21; son embranchement, qui conduit à la Seine par Saint-Denis, a 30 mètres de chûte. Il a été achevé avec onze écluses, et livré au commerce en mai 1821. Sa longueur est de 5000 mètres environ.

à la partie méridionale de Paris les mêmes avantages que l'Ourcq procurera à la partie septentrionale, en faisant venir, au-dessus du faubourg Saint-Jacques, les eaux de l'Essonne, de la Juine, de l'Orge et de l'Yvette, par un canal pareil à celui de l'Ourcq; et celle de la Bièvre, par un canal séparé.

Lu au comité des Ponts et Chaussées, en frimaire an XI, ou 1802.

Signé, GAUTHEY

EXTRAIT *d'une Lettre* DE M. de VOLTAIRE, *écrite à* M. DE PARCIEUX, *au sujet du projet du canal de l'Yvette.*

« Vous avez dû, Monsieur, recevoir des éloges et des remerciemens de tous les hommes en place; vous n'en recevez aujourd'hui que d'un homme bien inutile, mais bien sensible à votre mérite et à vos grandes vues patriotiques. Si ma vieillesse et mes maladies m'ont fait renoncer à Paris, mon cœur est toujours votre citoyen. Je ne boirai plus des eaux de la Seine, ni d'Arcueil, ni de l'Yvette, ni même de celles d'Hippocrène, mais je m'intéresserai toujours au grand monument que vous voulez établir : il est digne des anciens *Romains*, *et malheureusement nous ne sommes pas Romains*. Je ne suis pas étonné que votre projet soit encouragé par M. de *Sartine*; il pense comme *Agrippa* : on ne plaint point son argent pour avoir un *opéra - comique*, on le plaindra pour avoir des *aqueducs dignes d'Auguste*. Je desire passionnément de me tromper; je voudrais voir la fontaine de l'Yvette former un large *bassin* autour de la statue de LOUIS XV : je voudrais que toutes les maisons de Paris eussent de l'eau comme celles de Londres.

« Nous venons les derniers en tout, j'en suis fâché. »

« *Signé* VOLTAIRE. »

Extrait d'une Lettre de TRAJAN à PLINE.

« Me sera-t-il permis d'observer qu'il y a cent cinquante ans que la jonction de la Seine à la Loire, par l'étang du Long-Pendu, est proposée; qu'il y a autant de temps que sa possibilité est prouvée? Combien d'autres projets du même genre sont ensevelis dans les cabinets des ministres ou dans le tombeau de leurs auteurs!

« Il est vrai que nous faisons des bouteilles et des porcelaines à deux lieues de Paris, et je suis fort éloigné de dire que ce soit un mal, mais je voudrais que l'on pût apporter à ces manufactures et à mille autres leurs provisions par eau et en tout temps, ou en exporter les productions par la même voie : ce qui serait assurément un grand bien. Est-ce que Paris ne vaudrait pas Nicomédie? » (*Canaux navigab.*, par R. N. H. LINGUET, p. 594.)

De l'imprimerie de DOUBLET, rue Gît-le-Cœur, n° 7.

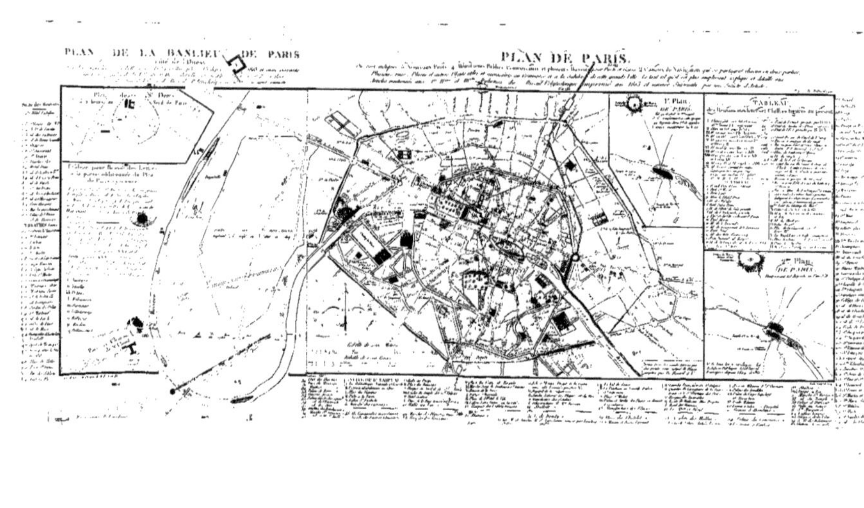

www.ingramcontent.com/pod-product-compliance
Ingram Content Group UK Ltd.
Pitfield, Milton Keynes, MK11 3LW, UK
UKHW020917120726
13693UKWH00003B/1046